注册会计师职业化十四讲

陈毓圭 著

中国社会科学出版社

图书在版编目（CIP）数据

注册会计师职业化十四讲 / 陈毓圭著. — 北京：
中国社会科学出版社，2018.11（2019.3重印）
ISBN 978-7-5203-2426-7

Ⅰ. ①注… Ⅱ. ①陈… Ⅲ. ①注册会计师－职业道德
Ⅳ. ①F233

中国版本图书馆CIP数据核字（2018）第091094号

出 版 人	赵剑英	
责任编辑	黄　山	
责任校对	张文池	
责任印制	李寡寡	

出　　版	中国社会科学出版社
社　　址	北京鼓楼西大街甲 158 号
邮　　编	100720
网　　址	http：//www.csspw.cn
发 行 部	010－84083685
门 市 部	010－84029450
经　　销	新华书店及其他书店

印刷装订	环球东方（北京）印务有限公司
版　　次	2018 年 11 月第 1 版
印　　次	2019 年 3 月第 3 次印刷

开　　本	650×960　1 / 16
印　　张	10
插　　页	2
字　　数	100 千字
定　　价	30.00 元

序　言

　　《注册会计师行业发展规划（2016—2020）》把提高注册会计师职业化水平置于行业发展四大目标之首，体现了注册会计师行业对自身建设规律认识的深化。

　　由注册会计师这个职业资格，产生了注册会计师职业和注册会计师行业。注册会计师职业指的是，由执业的注册会计师、具有注册会计师资格但是不执业的会计专业人士组成的专家群体，这个专家群体构成一个专家职业。在我国，后者称为中国注册会计师协会非执业会员。在国际上，这个专家群体统称为职业会计师，在有的国家统称为会计师、注册会计师或特许会计师。注册会计师行业指的是由社会分工形成的、以执业的注册会计师为主体提供专业服务的行业，它是专业服务业的重要门类。无论是从注册会计师行业发展要求看，还是从培养会计专业人才、满足经济社会发展广泛需要来看，着力注册会计师职业化建设、提高注册会计师职业化水平都是十分紧要的，因为"人"是第一位的。

注册会计师职业化，涉及注册会计师作为一个职业的内在品质，也涉及支撑这个职业的制度安排。前者包括职业精神的养成、职业知识的学习和职业技能的提升；后者则包括职业准入制度、职业标准体系、继续教育体系、职业监督机制和会计职业组织。推进注册会计师职业化建设的核心在于通过制度建设，增进注册会计师队伍对职业精神的认同，使实践职业精神成为每一个注册会计师的自觉行动，以职业精神引领注册会计师职业技能和服务质量的提升。

推进注册会计师职业化建设，提高注册会计师职业化水平，需要在全体注册会计师中开展职业化问题的大学习、大讨论和广泛深入的实践，学思践悟，以认识的深化带动行为的矫正，达到实践的自觉。为了促进和参与注册会计师职业化这一关乎行业建设目标重大问题的讨论，本人选编了部分文稿，形成这个小册子，题为《注册会计师职业化十四讲》。为编辑成书的需要，对原作的结构和文字作了必要调整。对于其中存在的错谬之处，热忱欢迎朋友们批评指正。

感谢我的同事和朋友们在文稿形成以及这次选编成书时提供的帮助。

作者

2018 年 11 月

目 录

第一讲

认识注册会计师

注册会计师最初指的是取得特许资格、执行独立审计等业务的专业人士，随着职业的演进，越来越多的注册会计师进入企业、政府部门和非营利组织从事专业工作。在我国，在会计师事务所执业的注册会计师有 10 万余人，另有 14 万余人是中注协的非执业会员。报名参加注册会计师考试的考生每年都在增加。认识注册会计师职业，首先应当认识一下注册会计师。

（一）注册会计师的意义

注册会计师作为一个称号，至少表达以下四点意义。

注册会计师是一个职业。这里讲注册会计师是一个职业，除了通常所指的谋生的手段、社会分工的门类以外，突出强调其具有严格的职业道德约束、具备专门知识和技能、服务大众等特殊含义。为了把注册会计师职业的这层意义凸显出来，可以称之为专家职业。注册会计师与律师、医师并称世界三大职业，其根据在于，它们都是专家职业。

注册会计师是一所学校。注册会计师是一个需要终身学习的职业。倡导建立学习型组织、学习型社会，要求人人接受继续教育，养成终身学习的习惯，已经成为国家倡导、世界潮流。对于注册会计师职业来说，参加职业考试和继续教育则是由职业的本身特性决定的，因为注册会计师是专家职业，需要以专业知识、职业操守立足于社会，终身学习是职业发展的需要，加入注册会计师队伍实质上就是加入了终身学习的学校。

注册会计师是一个品牌。在市场上，同样的商品和服务，品牌不同，价格也不同，这是品牌差异的表现，是品牌溢价。注册会计师作为一个人才门类，是人才的品牌。财政部一位老领导曾经说过，"注册会计师是会计师中的会计师"，这是对注册会计师作为人才品牌的形象定义。当某人自称是注册会计师的时候，就意味着，他通过了严格的职业考试，是注册会计师职业中的一员，受到严格的监管，是值得信赖的。

注册会计师是一份承诺。作为注册会计师职业中的一员，就要保持进取精神，持续地更新知识；就要坚守职业道德，珍惜公众的信赖，在遇到利益冲突的时候，把公众利益放在第一位。所以，当某人成为注册会计师，就意味着作出了承诺，承诺持续学习，承诺诚信执业，承诺服务公众利益。注册会计师执业宣誓制度把注册会计师作为一份承诺的意义生动地展示了出来，通过宣誓，把注册会计师内含的职业品质转化为公开的承诺。

（二）注册会计师的作用

注册会计师的工作是跟价值管理联系在一起的，注册会计师服务于价值管理的全过程。

价值鉴证。执业注册会计师发挥着价值鉴证的特殊作用。全国有 10 多万执业注册会计师，他们从事独立审计，对会计报表是否公允地反映了一个组织的财务状况和经营成果发表意见，提高了会计信息的可信度，做的是增信的工作，是价值鉴证者。

价值创造。有些注册会计师处于企业组织的治理层和管理层，担任首席财务官、财务总监、总会计师或者首席执行官的角色，执行制定战略、经营决策、公司治理这些职能，是价值创造者。

价值促进。有些注册会计师担任公司顾问和咨询专家的角色，发挥分析、策划、顾问的作用，他们是价值促进者。

价值维护。有些注册会计师担任内部审计师这样的角色，负责内部控制、内部审计、风险控制方面的工作。一个组织想不出纰漏，不掉进违法、舞弊"陷阱"，资产不被挪用等，就需要注册会计师进行内部控制、内部审计、内部稽核，他们是价值维护者。

价值计量。有些注册会计师负责一个组织的会计工作，如编制会计报表，提供财务信息，界定产权，核定盈亏等，是价值计量者。

（三）注册会计师的职业机会

随着市场机制的日益深化，价值管理越来越重要，对会计人才提出了巨大的需求，给注册会计师职业带来巨大的发展空间。这个判断是基于以下几个方面的因素。

金融深化。会计专业服务与金融市场是密不可分的，有些国家的产业分类，是把会计专业服务放在金融服务业中的。金融业的快速成长是中国会计行业获得长足进步的动力之源。金融的本质是信托，金融体系就是无数个委托代理链条构成的网络，金融深化意味着信托关系的深化，注册会计师行业的存在就是为增信服务的，金融深化必然对注册会计师人才提出直接的需求。

以法治市。市场的本质是产权交换，以法治市的本质是保护市场主体的权利，保护产权。保护产权就必须算账，算损益账，算资产账，算产权账。算损益账最终是为了算产权账。注册会计师所从事的专业工作实质上是计量和核定产权的工作。

管理集约。经济转型的核心是从经营粗放走向经营集约，改变高投入、高消耗、高污染、低工资、低价格的粗放型经济模式。走向经营集约，就要加强内部控制、成本核算、管理创新，所有这些显然是注册会计师的专长。

产业升级。产业结构是反映经济发展水平的重要指标。其中服务业，特别是高端服务业的比重反映了经济体系的质量。发展注册会计师专业服务对经济结构升级起直接作用。

资本流动。国际会计师随着国际资本来到中国，对中国改革开放作出了贡献。中国企业和中国资本"走出去"，也需要中国的注册会计师"走出去"，服务于中国企业和中国资本的国际化。资本的国际流动需要一大批具有国际执业能力的注册会计师。

（四）注册会计师的社会角色

在中国，注册会计师作为一个新的人才群体，常常为自己的社会身份认同所困惑。在丰富多彩的社会群体中，注册会计师是一个什么角色呢？

中产阶层。从财富分配的角度看，注册会计师位于中产阶层行列。扩大和稳定中产阶层队伍，是收入分配制度改革、建立和谐社会的重要方面。注册会计师行业是生成中产阶层的土壤。中产阶层比重的增加，有助于政治稳定、社会和谐，有利于经济社会持续发展，是全面建成小康社会的需要。

新的社会阶层。从社会分层的角度看，注册会计师是一个新的社会阶层。工农商学兵是传统的社会阶层。注册会计师是自由职业者，以专业立身，是适应社会主义市场经济发展需要成长起来的，是新的社会阶层。

中国特色社会主义事业建设者。从政治的角度看，注册会计师是中国特色社会主义事业建设者。无论是不是共产党员，无论工作岗位是什么，拥护中国共产党领导、热爱祖国、遵纪守法、勤奋劳动，认同社会主义核心价值观的人，都是中国特色社会主义事业建设者。注册会计师是中国特色社会主义事业建设者这个光荣行列的重要一员。

（2013 年 10 月）

第二讲

认识注册会计师职业

注册会计师成为一个职业，有两个条件。第一个条件是，注册会计师作为专业人士应当具有特定的素质，也就是，具备什么样的素质才能够称为注册会计师；另一个条件是注册会计师作为一个职业的制度安排。提高注册会计师职业化水平，重点在于提高职业素质、完善制度安排。

（一）注册会计师职业的素质

注册会计师之所以是一个专家职业，是因为具有特殊品质，也就是职业素质。具体而言有三个方面：一是职业精神；二是职业知识，或者叫专业知识；三是职业技能。其中，职业精神是核心；职业知识是基础；职业技能是在职业精神指导下运用职业知识的能力。

职业精神是注册会计师职业的核心。 职业精神包括职业价值观、职业道德、职业态度三个要素。价值观是衡量利害、判断是非、决定进退的总根据。不同的人价值观可能不完全相同，在一部分人看来没有价值的东西，另一部分人可能认为很有价值。注册会计师职业价值观最重要的一条，就是坚持独立、客观、公正的立场，忠诚于公众利益。在个人利益与公众利益、客户利益与公众利益、所服务的单位利益与公众利益发生冲突时，要把公众利益放在第一位。道德是衡量行为正当性的观念上的标准，不同的职业有不同的利害矛盾，所以就有了各自的职业道德。注册会计师职业道德是一套规范体系，条文精细而严密，比如，不接受自身能力不胜任的业务，合理确定专业服务收费标准，不收取、不支付佣金，在执行鉴证业务时保持实质上的和形式上的独立，保持与同行的良好工作关系，不对自身能力做广告，宣传业务、招揽业务的方式要恰当，对执业过程中获知的客户信息保密，等等。注册会计师职业道德是用一本书写成的。职业态度讲的是一个职业固有的思维方式和行事方式，是职业的要求在职业人士身上打下的烙印。坚持终身学习，培养、保持和提高胜任能力，保持应有的职业谨慎和职业怀疑，等等，就属于注册会计师应当保持的职业态度。

职业知识是注册会计师职业技能的理论支撑。注册会计师职业的显性特征是具有职业技能，职业技能是由职业知识支撑的，职业技能实质上是运用职业知识的能力。注册会计师职业知识是一个体系，会计、审计、财务、税务、法律和管理是注册会计师职业知识的核心部分。注册会计师考试专业阶段设置六个科目的依据就在这里。

职业技能是注册会计师解决专业问题、完成专业任务应当具备的能力。注册会计师职业技能包括五个方面：智力技能，技术和应用技能，个人技能，人际和沟通技能，组织和管理技能。智力技能指的是注册会计师的认知能力，按照由低到高来排序，包括认识能力、理解能力、应用能力、分析能力、综合能力、评价能力。技术和应用技能包括数理能力、信息技术能力、决策建模和风险管理能力、计量和报告的能力、遵行法律的能力。个人技能与注册会计师个人的态度和行为有关，比如，自我管理，具有创造力、影响力、自学能力，能够对有限的资源作出选择和配置，来保证应当优先完成的工作，并且能够按照设定的工作时限组织和完成工作，能够预见和适应变化，能够在决策过程中守持职业精神。人际和沟通技能有助于注册会计师基于组织的共同利益与他人共事，接受和传递信息，形成合理判断，有效作出决策，比如，能够与他人协商共事，能够承受和解决冲突，具备团队工作能力，能够与不同文化背景或不同智力水平的人进行交流，能够在职业环境中协商形成解决方案，能够采用各种沟通方式有效地表达、讨论、报告，对自己的观点进行辩护，能够进行有效的听读，包括对文化和语言的差异保持敏感，能够在跨文化环境中有效工作。组织和管理技能要求注册会计师具有广阔的商业视角、管理意识和全球视野，包括能够进行战略规划、项目管理、人力资源管理，能够组织和分派任务、实施有效的激励，具备领导力、判断力和洞察力。

（二）注册会计师职业的制度安排

在一个社会里，职业的门类很多，注册会计师之所以能够成为一个专家职业，职业精神、职业知识、职业技能是内在条件，制度安排同样重要。制度安排为职业的成长、社会认同、事业延续提供了保障。

职业准入。全面深化改革的重要内容是减少审批，只有在市场不能有效识别其品质的领域才需要审批，注册会计师就属于市场不能有效识别其品质的职业，所以需要有准入制度。职业准入是对注册会计师职业素质进行识别和评价的制度安排。很明显，这里所讲的准入，不是指工龄长短、投资多少这样的门槛，而是职业考试和职业实践这样的专业门槛。考试也不只是考书本知识，还要考查对职业精神的认同程度，考查对职业技能的掌握程度，是观念、理论、实践相结合的评价。

职业标准。职业标准是注册会计师的执业规范，也是衡量注册会计师是否尽职的基准。职业标准还是注册会计师职业承担社会责任的书面宣示，它是注册会计师职业的名片。注册会计师职业标准主要是服务技术标准、道德标准和教育标准，广义上也包括会计标准。

继续教育。学历教育是注册会计师获取职业知识的第一步。更新知识、提升和保持胜任能力，是注册会计师职业化的需要。继续教育就回应了这一需要。继续教育制度有规定，每一个注册会计师每两年要至少完成80个学时的继续教育任务。其实，80个学时的学习教育投入，对于注册会计师来说，是远远不够的，作出这样一个规定，其意义更在于是一种倡导。在职学习、持续的知识更新和专业提高是每一个注册会计师的生活方式。

职业组织。有自己职业的组织，是一个职业形成的最高标志，是一个职业持续发展的保障。职业组织具有的教育功能、评价功能、规范功能、监督功能支持着一个职业的持续成长。职业组织固然要维护这个职业每一个成员的利益，但是，这种维护不是袒护，而是通过教育、评价、规范、监督，以服务公众利益作为对价，实现这个职业的根本利益。

职业监督。专业技能的保持和提升，职业道德的养成和坚守，既需要注册会计师自己努力，当然也需要监督。职业组织的监督是职业监督的基础形式。职业监督也包括外部监督。对于许多行业和职业而言，道德行为不是制度层面上的监督对象，但是，对于注册会计师职业来说，遵守职业道德是法定义务的一部分，注册会计师如果没有尽到独立、胜任、尽责的本分，是要承担责任的。

（2014 年 1 月）

第三讲

注册会计师行业是专业服务业

　　注册会计师行业是以注册会计师这个职业为主体的专业服务业，是专业服务业的一个门类。认识专业服务业、认识注册会计师行业的专业服务业性质，有助于理解注册会计师这个职业。

（一）从服务业谈起

　　服务业与工业、农业构成完整的产业体系。服务业既为工业和农业提供服务，也为消费者提供服务，它连接工业和农业，连接生产和消费。相对于工业和农业，服务业与大众的联系更为直接。因为我们每天都在享受着服务业提供的便利，每天都能感受到服务业不足所带来的不便，服务业是产业体系的"最后一公里"。这"一公里"建不好，就会给经济社会生活留下"断头路"。

　　发展服务业是地地道道的供给侧结构性改革。党的十八届五中全会提出供给侧结构性改革的任务，为发展服务业指明了方向。在供需结构失衡中，服务业发展不足，是供给不足的重要方面。发展服务业是直接地增加供给，满足对服务的需求；服务业服务于生产，促进提升生产的质量和效率，间接地改善供给。服务业帮助产品找到买家，促进消化库存利用产能；服务业能够解决生产生活的不便，服务民生；我国服务业占 GDP 一半多，相对于发达国家的 70%—80%，显然有巨大的增长空间，服务业的发展直接贡献于经济增长；服务业为企业家们提供管理和决策的助力，支持大众创业、万众创新；服务业劳动密集、智力密集，是环境友好的产业。

比较几个数字可以说明服务业在我国的发展潜力。根据国际货币基金组织提供的数据，世界 GDP 排名前20 名的国家中，2012 年服务业增加值占 GDP 平均为63.6%，包括澳大利亚在内的前 11 个国家接近或超过70%；美国等前 3 个国家接近 80%；中国为 44.6%。在4 个发达国家中，美国和英国的服务业增加值在 GDP中的占比，19 世纪末就达到 50% 了。日本、法国在 20世纪六七十年代达到 50%。现在这些国家的服务业占比均超过 70%。2000 年到 2014 年，我国的服务业有长足进步，国家统计局提供的数据表明，服务业增加值在 GDP 占比提高了近 10 个百分点，由 39% 增至 48%，到 2015 年第三季度，服务业占比达到了 51.4%，在当前稳增长中发挥了重要作用。通过这几个数字的对比，我们可以看到中国产业结构与发达国家的差异，同时也可以看到我国经济发展的巨大潜力和努力方向。

中央高度重视服务业的发展。国务院在 2007 年提出加快发展服务业的若干意见；2008 年公布加快发展服务业若干政策措施的实施意见。2012 年至 2015 年底颁布将近 10 个文件，其中有 3 个文件是最近几个月公布的。这当中，既有服务业发展"十二五"规划这样的综合性文件，也有针对生产服务、生活服务等各个细分领域的文件。服务业大发展已经时不我待、箭在弦上。

（二）专业服务业的意义

专业服务业是服务业的重要门类。专业服务业区别于其他服务的重要标志是智力密集。专业服务业提供咨询、论证、鉴证、认证、经纪、代理、评估等专业服务，服务于规划、决策、管理、监督、遵行、购销、增信、维权、流程再造等经济社会功能。没有专业服务业的支持，政府改革就少了职能承接者；没有专业服务业的支持，企业家管理决策就有可能做不准、做不细、做不实；没有专业服务业的支持，老百姓生活就会"很累心"。

专业服务业是高端服务。如果把服务业分为生产服务、生活服务、商务服务，专业服务业则主要是商务服务和生产服务，也有一些属于生活服务。如果把服务业分为低端服务、高端服务，专业服务业无疑属于高端服务。如果把服务业分为传统服务、现代服务，专业服务业更接近现代服务，其中有些职业虽然很早就有，但是与现代理论、技术和需求融合，已经实现了现代化。这也说明，即便是传统服务，也有现代化的要求和条件。扬州"三把刀"，显然是传统服务，但是，如果跟互联网结合，跟现代营养理念、养生技术结合，达到营养化、标准化、定制化、网络化，传统服务的现代化不是不可能的。

专业服务业的主体是专家职业。专业服务业之所以称其为"专业"服务业，是因为有专家提供服务，也只有专家才能提供服务。这是注册会计师这样的专家职业的价值所在。十年树木，百年树人。培养一个专家职业的难度要远远大于建一个工厂，甚至大于建一个工业产业。这一点也可以佐证产业结构调整升级是一件多么不容易的事情。

专业服务业的门类众多。与会计师、律师、医师三大职业相对应的，是会计服务、法律服务、医疗服务三个专业服务业门类。其他还有建筑师、工程师、园林设计师、城市规划师、理财师、精算师、评估师、质量管理顾问、管理工程师、软件工程师、金融分析师、人力资源顾问、广告设计师、形象设计师等相对应的专业服务门类。随着经济技术的发展和生产生活的进步，新职业、新专业服务业门类逐渐产生，如，信息系统审计师对应的信息系统安全服务；数据分析师对应的大数据服务；营养师对应的营养咨询服务；心理咨询师对应的精神健康咨询服务；安全生产审计师对应的安全生产保障咨询服务，等等。

（三）专业服务业与新发展理念

党的十八届五中全会系统阐述了制定"十三五"规划的指导思想和原则要求，提出了"创新、协调、绿色、开放、共享"的新发展理念。新发展理念为专业服务业的发展指明了方向。

专业服务业是创新的产业。专业服务业是直接为生产生活服务的，随着生产发展和生活改善，专业服务业只有不断创新，满足日新月异的需求，才能找到自身的发展机会，创新是专业服务业的基本属性。专业服务业自身的创新，也为其他产业的创新提供知识支持。荷兰的威科集团，是一个有百年历史的出版企业，今天已经成为有全球影响、基于互联网的信息服务机构。IBM卖掉了电脑生产线这样的制造部门，转向提供信息技术方案。国际会计公司从百年前执行查账、清算业务的会计师事务所演变为跨国的、提供综合方案的专业服务机构。从以上事实中，可见一斑。

专业服务业是协调的产业。经济转型升级，无疑包括服务业的大发展。作为高端服务业的专业服务业的发展，是经济转型升级的题中应有之义。专业服务业的发展，将伴随并贡献于我国经济协调发展的进程。随着服务业比重的进一步上升，必将促进产业结构的合理化和国民经济的协调发展。

专业服务业的数据对发达国家和地区的经济结构有着很强的解释力。据欧盟《专业服务业发展报告2004》，在欧盟各国，法律、会计与管理咨询行业在2004年的增加值为2216亿欧元，占欧盟商业服务增加值的30.3%，吸纳439万人就业。据美国经济分析局提供的数据，美国按其产业分类体系统计的专业服务业，包括法律、会计审计、计算机系统设计、企业管理咨询等，2014年提供的增加值为2.1万亿美元，占全美GDP总量的12%。据英国与就业技能委员会提供的数据，英国2011年专业服务业创造的增加值占GDP总量的15%，专业服务业的出口额占英国出口总额的14%，专业服务业被列入英国经济特别重要的八大关键领域，支撑着英国经济的竞争力。过去几年中，无论是制造业还是服务业，都受到金融危机的巨大冲击，服务业中与生产服务相关的零售、批发等一些传统服务行业明显衰退，但专业服务业在世界各国几乎无一例外地保持快速增长。越是经济困难的时候，越需要专业服务业来帮忙，正如一个人在生病的时候需要看医生一样。上述数据和故事所传达的经济政策信息十分清晰。

会计服务业在专业服务业中独树一帜。会计服务业是专业服务业的重要门类。国际会计师联合会最近公布的一个研究报告说，职业会计师每年为全球经济增加值作出的直接贡献达 5750 亿美元。按照全世界有 300 万职业会计师来算，人均提供的年增加值将近 20 万美元。在北美、欧洲和澳大利亚，会计服务业在 GDP 中的占比在 0.5%—1%，其中英国和澳大利亚超过 1%。我国注册会计师行业 2014 年总收入是 600 多亿元人民币，占 GDP 的比重是 0.1%。这其中有一些不可比因素，一是会计服务受到市场分割，统计不全；二是相对发达国家来说，我国的会计服务收费标准相对较低。按可比口径，也就是说，按可比的统计范围和可比的服务价格，应当接近 0.5%。随着专业服务价值得到市场的进一步认知，服务收费的标准有所提高，会计专业服务将有很大的成长空间。在过去的 5 年里，注册会计师行业收入保持了年均 12.61% 的增长，5 年翻了一番，在未来 5 年里，应当能够保持这样的趋势。

专业服务业是绿色的产业。专业服务业使用的是智力资源，只消耗很少的自然资源。写字楼的一个平方米可以产生几十万元、几百万元的增加值。智力资源本身是不会被消耗掉的，甚至越耗越多，因为知识在使用和交流中还会增值，产生新的知识。

专业服务业是开放的产业。对外开放无疑包括专业服务的开放、人才的国际流动、知识信息的国际分享。改革开放之初，我们就通过引进国际会计公司带来专业技术和制度经验，这是专业服务业对外开放最早的表现。国际会计公司进入中国，促进了我国注册会计师行业的发展，支持了我国市场经济体系建设，这是专业服务市场对外开放的成功案例。伴随着中国企业、中国资本"走出去"，我国注册会计师行业已经迈出了国际化的坚实一步。

专业服务业是共享的产业。从事专业服务业的专家职业是自由职业者，用英语表达就是 self-employer，也就是"自己雇用自己"，不是受雇于"资本"，合伙人、专业人士分享着专业服务业的成果。专业服务业为其他部门、其他产业提供解决方案，与其他部门、其他产业分享知识创造的成果。

专业服务业不仅共享知识，也共享人才。英国《经济学人》杂志收集了世界范围内近 5000 个政治家个人信息，其中 35% 以上的政治家出身于专业服务业，远远超过商人、外交官和军事领袖。来自 2006 年的数据，欧洲三大股票指数之一的富时 100 指数（FTSE 100），其中 100 家最具代表性的成分股上市公司中，有 25% 的 CEO 是注册会计师，更有 80% 的 CFO 是注册会计师。美国的人口调查显示，1910 年美国专业及技术人士占总人口的 4%，如今这一比例已上升到 36%。另有调查显示，有 64% 的美国人宣称自己从事的是"专家职业"。也就是说，起码有近 30% 不是专家职业的美国人认为自己是专家。这反映了专家职业在美国人心目中体面的职业身份。到 2015 年底，我国注册会计师行业有 6 位全国人大代表和政协委员，县以上各级人大代表 171 人，政协委员 622 人，党代表 42 人，注册会计师已经成长为国家政治建设的有生力量。

（2015 年 12 月）

第
四
讲

会计审计标准的国际趋同

会计审计标准的国际趋同是当前国际会计界最热门话题，是我们推进会计审计实践的国际参照系。准确认识国际趋同，正确回应国际趋同，把握国际趋同的机遇，是推进注册会计师行业建设的迫切任务。

（一）会计审计标准国际趋同的由来

趋同一词译自 Convergence，指的是收敛、缩小差异、走向一致。会计审计标准的国际趋同说的是，各国会计审计标准在一个特定的时间内从相互不同走向一致的收敛过程。"趋同"这个概念已经出现有几年了，在这之前一直讲的是协调（Harmonization）。经过这几年的发展，"趋同"已经从一个"概念"发展为共识和行动，在某些国家和地区甚至已经成为现实。从国际协调到国际趋同，反映的是认识和实践的演进路径，正如计划经济、市场经济等概念的演变，从"计划经济"到

"计划经济为主、市场调节为辅"，再到"有计划的商品经济"，最后是"社会主义市场经济"，折射出中国经济体制改革的认识和实践过程一样，从国际协调到国际趋同，所反映的是类似的认识和实践过程。

国际会计准则委员会（IASC）成立之初，致力于制定"有助于提高跨国公司财务报表质量和可比性"的"基本准则"，这些准则"不取代各国财务报表规范"。1992 年，国际会计准则委员会《章程》对工作目标的表述是"相似的交易事项在全球范围内应作出相似的会计处理"。世纪之交，国际会计准则委员会确定的目标是"制定高质量、可理解和可实施的全球会计准则"，并促进这些准则得到"严格运用"，促进"各国会计准则与国际会计准则和国际财务报告准则的趋同，并得到高质量的实施。"

以上的演变过程，在我国会计审计标准实践中也得到鲜明体现。改革开放之初，面对国际会计差异，我们对国际标准的态度是"借鉴"，借鉴国际惯例，洋为中用；20 世纪 90 年代以后，我们秉持"协调"理念，通过与国际的沟通达到"存异求同"。

用词的变化反映了国际经济金融背景的变化。20 世纪五六十年代提出"国际协调"概念时，跨国公司和国际资本市场还处于大发展的前夜，对统一会计审计标准的要求没有今天这样强烈。以 1973 年国际会计准则委员会成立为标志，国际协调成为有组织的行动。这之后的 20 年，采用的基本上是兼容并蓄、广为适用、普及推广和争取支持的路径，在这一背景下制定的国际会计准则并不被发达国家认可。美国凭借其政治经济地位以及全球最大资本市场所在国的优势，向世界推销自己的会计标准体系。欧盟成立后，致力于区域范围内的会计协调。这样一个多标准并存、地区割据的局面，决定了会计审计标准的国际化只能是富有弹性的协调概念，而不可能是逐步收敛、向标准看齐的趋同概念。杨纪琬先生说过，国际协调"实际上就是找最小公倍数"。对于通过沟通协商、达到相互认知相互妥协、限制和减少差异的国际协调来讲，消除差异的动力还不是很足，不同声音很大，而且没有时间表，没有体制、机制上的解决办法。

与协调"雷声大雨点小"所不同的是，国际趋同可谓"雷雨交加"，历史必然和偶然事件促使其在短短几年的时间就"落地生根，开花结果"，发展速度之快，超出了会计界在 20 世纪末的预期。20 世纪 90 年代以来，经济全球化的进程明显加快，国际贸易、国际投资飞速发展，跨国并购日益频繁，这些活动不但使资金流动加速，也加剧了经济全球化与会计审计信息系统之间的矛盾。作为国际商业语言，会计审计标准不同，严重影响着国际经济交流、资源全球配置。最典型的例子，就是广泛引用的 20 世纪 80 年代德国奔驰准备在美国上市的例子，奔驰的财务报表按德国会计准则编制，盈利是 1.68 亿美元，按照美国会计准则来核算，却变成亏损约 10 亿美元，奔驰公司因此最后放弃了在美国上市。这个例子向各国监管机构和上市公司、国际会计界展示了会计标准不同会影响经济活动的交流与合作的结论。

1997 年爆发的东南亚金融危机，促进了国际趋同走向共识和行动。东南亚金融危机使各国政府深刻认识到，会计审计标准国际趋同不单是会计审计问题，而且是经济政治问题。多项研究都表明，会计信息不透明是危机爆发并使危机进一步恶化的重要原因之一；高度透明的会计信息披露有助于资本市场的高效运转。实施国际会计准则可以提升财务信息的可靠性，提高财务报告透明度，有利于金融稳定。为吸引国际投资者，壮大本国金融市场，欧盟以及英语系国家开始了国际趋同的行动，并陆续公布了采用国际会计准则时间表。世纪之交爆发的"安然事件"使国际会计准则成为美国政治辩论的重要依据。2002 年，新组建的国际会计准则理事会（IASB）主席戴维·泰迪受邀在美国国会就"安然事件"作证，他说，"安然事件"的教训之一就是美国会计准则与国际会计准则不同，美国会计准则走的是规则导向的路子，国际会计准则是以原则为导向的，规则导向在会计信息的真实性和公允性方面不如原则导向。迫于系列财务造假案件的形势和保持美国资本市场在全球竞争格局中继续领先的需要，美国财务会计标准制定机构开始接受原则导向方法，修正其会计标准制定方法。这说明，任何一个国家都没有足够的底气说"我的准则最好"，同时也说明，会计标准的差异已经引起经济和政治利益诉求，不再仅仅是技术问题了。

（二）会计审计标准国际趋同是大势所趋

在会计审计标准国际趋同的过程中，有几大促进力量值得重视。

国际会计标准制定机构重组，形成了有助于会计标准国际趋同的新机制。2001年，国际会计准则委员会与会计职业界"脱钩"，改组成为一个独立的组织实体，也就是国际会计准则理事会；理事会采取了与各国会计标准制定机构合作的战略，与美、英、加、澳、德、法、日7国会计标准制定机构建立战略伙伴关系，通过咨询委员会等渠道，与发展中国家建立了沟通协商机制。理事会从各国会计标准的"协调者"重新定位为"全球会计标准"制定者。

国际会计准则得到众多国际组织认可，形成了国际会计准则理事会与国际组织合作推广国际标准的共识。理事会提高国际会计准则权威性的战略，得到国际组织和许多国家领导人的"实质性权威"支持，合作开展了推广国际会计准则的行动。与证监会国际组织

（IOSCO）合作，开发核心准则体系。证监会国际组织向包括美国在内的世界各主要资本市场推荐使用，得到七国集团支持。国际货币基金组织、世界银行等相继要求贷款国家和企业按国际会计准则提供财务信息。基于更有效地推进货物贸易，促进服务贸易开展，世界贸易组织也支持国际会计准则的推广。

财务报告编制者和使用者对高度可比的会计信息的需求，为国际会计准则的应用提供了动力。美国证券交易委员会主席唐纳森阐述了资本对会计标准国际趋同的推动作用，"真正的趋同将使投资者更容易比较不同的投资机会，无论这些投资机会在地理上相距多么遥远……投资者们将推动会计体系的趋同，使之更透明。换言之，资本总是流向欢迎它的地方，总是待在善待它的地方。"

从上述分析看，从国际协调走向国际趋同，已经成为共识和行动。国际趋同不仅有机制的保证、有权威部门的支持、有经济力量的推动，还有趋同的时间表，这是大势，我们不能忽视、轻视这个大势，更不能采取抵触的态度。

（三）如何实践会计审计标准的国际趋同

积极参加会计审计标准国际趋同的行动，既是提高会计信息质量和信息透明度的紧迫需要，也是我国经济形势的现实要求。中国经济融入国际经济体系的事实，对中国会计审计标准国际化提出非常紧迫的需求，我们必须将会计审计标准的国际趋同，作为制定会计准则的基准方法。事实上，我国会计审计标准建设始终是为改革开放、引进外资的大局服务的，会计审计标准的演进过程始终是与国际标准发展联系在一起的，建设中国会计审计标准的过程也就是与国际会计审计标准协调的过程。已经发布的会计准则中绝大部分已经与国际会计准则保持一致；已经发布的审计准则在基本原则和必要程序方面，与国际审计准则都保持了一致。我们推进会计审计标准国际趋同有坚实的基础。

面对国际趋同的新形势，我们必须转变观念，树立趋同理念。协调是承认多元，是妥协，是减少差异；趋同是一元，是统一，是向标准看齐。从协调到趋同就是从"存异求同"走向"统一"。

积极介入国际趋同进程。要做国际趋同积极的推动者、参与者、实践者，而不是旁观者。仅仅就审计准则来说，在要不要实施风险导向审计上，行业有不少同志还在犹豫。2004 年，国际审计准则委员会（IAASB）针对跨国公司日益增大的经营风险和财务风险，修订风险导向审计准则，要求注册会计师既考虑企业内部经营环境和内部控制等内部风险，也要考虑企业外部环境和风险，要求更好识别、评估和应对重大错报风险，这就自然增加审计准则初始实施时的审计成本。能不能因为成本增加就放弃国际趋同呢？答案是否定的。对于注册会计师行业而言，防范和控制风险的实质就是趋利避害，要趋的是公众的利，避的是对公众利益的害。如果因为增加审计成本，就不改进审计准则，不采用风险导向审计方法，那是本末倒置，是局限在行业层面上谈"利"和"害"。从长期来看，实施风险导向审计模式有助于提高审计效果和效率、降低审计成本、防范审计风险。市场机制总是会发挥作用的，审计成本增加，审计质量提高，审计收费也会水涨船高。从这个意义上讲，公众的"利"和"害"与行业的"利"和"害"，是完全一致的，这个大账不难算明白。

尽可能消除与国际准则差异，而不是刻意强调自己的"特色"。会计信息作为国际通用商业语言的属性，从根本上来说超越了它的本土特性。要按照我国市场经济发展进程，顺应会计审计标准国际趋同的要求，建立起与我国社会主义市场经济相适应、覆盖各类企业各项经济业务、可独立实施的会计准则体系；同时，建立与我国经济体制发展要求相适应、顺应国际趋同要求的独立审计准则体系。

深入参与国际会计审计标准的制定，实现与国际标准的良性互动。趋同不是一个单向的行动，而是各国与国际标准主动的、积极的互动，不能等到国际标准都搞出来了再去谈趋同，而是在国际标准形成过程中趋同。互相学习、互为借鉴、互相影响，乃是国际趋同这个概念的本质所在。

（2005 年）

第五讲

审计准则体系与审计理念

按照完善注册会计师审计准则体系、加速实现与国际标准趋同的总体部署，新的审计准则已经制定完成，从 2007 年 1 月 1 日起施行。这里谈谈审计准则趋同的背景、审计准则体系及其理论依据。

（一）中国审计准则建设及其国际趋同的背景

1993 年 10 月 31 日通过的《中华人民共和国注册会计师法》规定，中国注册会计师协会（以下简称"中注协"）依法拟订执业准则、规则，报国务院财政部门批准后施行。中注协自 1994 年开始拟订审计准则，至 2004 年，先后分 6 批拟订了 48 个审计准则，均公布实施，对注册会计师行业提升执业质量起到了积极作用。

到 2005 年，中国审计准则建设面临的形势发生了很大的变化，需要重新思考和定位审计准则建设的方向，对已经不能适应形势发展需要的审计准则进行大幅改进。

在经济全球化浪潮下，中国经济日益融入世界经济。随着对外开放的不断深化和经济实力的不断提升，中国经济与外部世界的关联度不断提高。改革开放30多年来，中国经济持续稳定发展，取得了举世瞩目的成就。

从1979年到2004年，中国经济年均增长9.4%。据商务部《对外贸易形势报告》，2004年，我国进出口贸易总额达到11548亿美元，已占世界贸易量的6.2%，在世界各国和地区排名第三。与此同时，跨越中国国境的资本流动越来越多。来自商务部的数据表明，2005年中国实际利用外商直接投资603亿美元。2005年中国企业海外新上市等融资活动越来越活跃。

全球经济一体化和资本的跨国流动，要求作为国际经济交往的商业语言的会计审计标准实现国际趋同。包括巴塞尔银行监管委员会、金融稳定论坛、国际保险监管机构协会、证监会国际组织、联合国贸发会议和世界银行在内的国际组织，都强调全球资本市场需要高质量的、统一的会计审计标准，提出了各国会计审计标准应当与国际标准趋同的要求。

任何国家，只要不想游离于国际经济金融合作之外，就不能无视会计审计标准国际趋同这一趋势。在中国经济与世界经济关联度不断加深，中国经济日益紧密地融入世界经济体系的背景下，实现中国会计审计标准国际趋同，不仅是会计职业国际化发展的要求，更是中国经济接轨国际市场的迫切要求，它有助于改善中国的经济贸易环境，增强国外投资者对中国会计信息的信心，有利于减少中国经济进一步融入世界经济的阻力。

中国资本市场的进一步发展对审计准则质量提出了更高的要求。市场经济是信息经济，信息引导资源的配置，资源的配置效率在很大程度上取决于信息的质量。注册会计师审计是市场监督体系重要的制度安排，注册会计师审计是保证财务信息质量的重要一环。一套高质量的审计准则体系对于提升注册会计师审计工作质量和财务信息质量将起到关键的作用，是维护金融和经济稳定运行、促进资本市场发展、增进投资者信心、保护公众利益的基石。

20 世纪 90 年代以后，注册会计师的审计环境发生了很大的变化。企业组织结构及其经营活动的方式日益复杂，全球化和科学技术的影响日益加深，会计准则要求的判断和估计日益增加。环境的变化增大了注册会计师审计失败的风险。原有的审计准则已不能适应审计环境的变化。

2001 年以来，国内外发生一系列的公司财务舞弊事件，美国的"安然事件""世通事件"，欧洲的"帕玛拉特事件"，中国的"银广厦事件"，这些公司财务舞弊事件动摇了公众对资本市场和会计行业的信心。

这些变化和事件启发我们，要大力改进审计准则，提高审计的有效性，防范和化解审计风险，恢复公众对行业的信心，维护市场经济的稳定有序运行。

国际审计准则持续改进。最近几年来，国际审计标准制定机构正在持续改进国际审计准则的制定机制和程序，国际审计准则的质量有了全面的提升。

第一，"安然事件""世通事件"之后，国际会计师联合会及国际审计准则委员会进行了反思，围绕恢复公众对会计行业的信心进行了重大改革，明确提出了要以保护公众利益为宗旨。为此，国际会计师联合会主动倡议，建立公众利益监督委员会（PIOB），对包括国际审计准则理事会在内的国际标准制定机构的工作进行监督。同时，国际审计准则委员会等也不断改进国际标准的制定程序，成为全球最透明的组织之一。

第二，针对审计环境的变化及审计实务暴露出的不足，国际审计准则委员会于2003年底出台了4个有关审计风险的审计准则，目的是指导注册会计师有效地识别、评估和应对重大错报风险，切实贯彻风险导向审计的理念，提高审计的有效性。随后，又以这些审计准则为基础，着手全面修订其他的审计准则。通过这个过程，整个国际审计准则体系的质量得到了大幅提升，完成了一次升级换代工作。

国际审计准则质量的全面提升，增强了我们对国际审计准则的信心，成为我们把中国审计准则的国际趋同明确定位为与国际审计准则趋同的依据。中国审计准则与国际审计准则趋同，成为全面提升中国审计准则质量的战略选择。

（二）审计准则国际趋同的主张

基于对国际会计审计标准发展形势的判断，以及对我国经济发展对会计信息质量要求的认知，我们明确了审计准则国际趋同的若干主张。

趋同是方向。审计准则国际协调走向国际趋同，是国际经济一体化进程的要求，是审计准则发展的方向。要有效参与国际经济一体化进程，就不能无视审计准则国际趋同这一发展趋势，要顺势而为，积极进取。

趋同不等于相同。各国在经济环境、法律制度、文化理念以及监管机制、注册会计师职业化程度等方面存在着不同程度的差异，这就决定了不能强求直接采用国际标准，而是要在把握趋同大方向的同时，科学分析，严格甄别，容许暂时存在一定的差异。

趋同是一个过程。"过程性"是趋同这个概念的核心意义。趋同的最终目标是相同，走向目标本身就是一个过程，也就是说，要在过程中持续消除差异、达到相同。

趋同是互动。趋同的本意是与国际标准趋同。国际标准不是脱离各国审计实践的先验结论，而应当是各国审计实践的提炼。国际标准的形成本身就是一个趋同的过程，是各个国家之间、各个国家与国际组织之间、国际组织与区域会计组织之间，多边的沟通、借鉴和共识。

（三）审计准则体系

今年年初公布的《中国注册会计师执业准则体系》的新的审计准则体系由三部分构成，即，鉴证业务准则，相关服务准则，会计师事务所质量控制准则。

鉴证业务准则由鉴证业务基本准则统领。按照鉴证业务提供的保证程度和鉴证对象的不同，分为审计准则、审阅准则和其他鉴证业务准则。其中，审计准则是执业准则体系的核心。

审计准则用来规范注册会计师执行历史财务信息的审计业务。在提供审计服务时，注册会计师对所审计信息是否存在重大错报提供合理保证，以积极的方式提出结论。审计准则有 41 个，分为六大类，即一般原则与责任、风险评估与风险的应对、审计证据、利用其他主体的工作、审计结论与报告、特殊目的和主体的审计。

审阅准则用来规范注册会计师执行历史财务信息的审阅业务。在提供审阅服务时，注册会计师对所审阅信息是否存在重大错报提供有限保证，以消极的方式提出结论。

其他鉴证业务准则用来规范注册会计师执行历史财务信息审计或审阅以外的其他鉴证业务。

相关服务准则是针对鉴证以外的专业服务的规范。这类业务包括注册会计师代编财务报表、执行商定程序、提供管理咨询和税务咨询等。

质量控制准则用来规范会计师事务所在执行各类业务时应当遵守的质量控制政策和程序。质量控制准则是对会计师事务所控制质量提出的制度要求。

（四）审计准则体系的特征

审计准则体系体现了风险导向审计的要求。注册会计师审计经历了账项基础审计、制度基础审计和风险导向审计三个历史阶段。探究提高审计的效率与效果一直是审计方法论创新的动力和主旋律。20 世纪 70 年代，人工成本的急剧上升、审计市场价格竞争的加剧，对控制审计成本提出了新的要求。与此同时，证券市场上不时发生的财务舞弊案件以及随之而来的针对会计师事务所的巨额民事诉讼，要求会计师事务所提高审计有效性。20 世纪 70 年代末 80 年代初，风险导向审计模式应运而生。

在风险导向审计模式下，审计被理解为一个风险控制过程。该模式要求注册会计师以重大错报风险的识别、评估和应对为审计工作的主线，贯穿于审计过程的始终。注册会计师工作的起点是重大错报风险的识别和评估。在此基础上，采取有针对性的措施予以应对，将注册会计师发表不恰当审计意见的风险降至可接受的低水平。

风险导向审计模式反对审计资源的平均分配，反对使用标准化的审计程序表，要求注册会计师根据重大错报风险的评估结果确定审计资源的分配，做到有的放矢。哪里重大错报风险较高，就在哪里投入较多的审计资源。哪里重大错报风险较低，哪里就可以投入较少的审计资源。这是风险导向审计最突出的优点。

20 世纪 90 年代中后期，随着知识经济的发展，无形资产在企业资产中的比重越来越大、会计中主观估计和判断成分日益重要、企业经营失败风险及财务报表舞弊风险的增加，对会计师事务所如何控制审计风险提出了严峻的挑战。在此背景下，风险导向审计有了新的创新。以国际会计公司为代表的大型会计师事务所提出了从被审计单位经营风险入手进行审计的方法（Business Risk Approach to Auditing）。

这一创新并没有跳出风险导向审计模式的框架。但在新审计环境下如何识别和评估重大错报风险上有重大创新，主要表现在：

一是重视运用系统论、战略管理理论等分析企业整体层面的风险，分析这些风险对财务报表重大错报风险的影响，反对用割裂主义、就事论事的观点看待财务报表重大错报风险。

二是重视控制环境、风险评估等高层次内部控制对财务报表重大错报风险评估的影响。

三是考虑到信息技术的运用极大地降低了低层次无意错误发生的可能性，要求注册会计师特别注意非常规交易和事项所蕴含的风险。

风险导向审计并不是对账项基础审计和制度基础审计两种方法论的否定，而是在继承了后者合理内核的同时，有新的发展，内容更为丰富完整。

在风险导向审计模式下，注册会计师在评估重大错报风险时，了解和评价内部控制仍是一项极为重要的内容。因为，健全有效的内部控制能够降低财务报表重大错报风险。在评估重大错报风险时，没有理由撇开内部控制。有所不同的是，此时的注册会计师对内部控制的了解、评价和测试工作在一个完整的风险分析框架指导下进行，避免了工作的盲目性。

同时，注册会计师在评估重大错报风险时，视野更为广阔，固有风险被纳入视野范围之内。这意味着管理层的诚信、会计人员的胜任能力、被审计单位对管理层的业绩考核机制、行业状况、公司治理结构、被审计单位的经营活动等影响重大错报风险的外围背景因素都应予以考虑。

在应对重大错报风险时，账项基础审计（主要依赖实质性测试）仍然是一种审计策略，对某些账户余额和交易及小企业的审计可能特别适用。

因此，风险导向审计是对制度基础审计和账项基础审计的扬弃和升华。正如英国 Cooper 和 Turley 教授1990 年指出的，风险导向审计本身并不对应当选择何种策略作出规定，而是提供了作出选择的标准，并决定审计工作的总体方向。

基于上述理解，我们全面引进了风险导向审计的思想，出台了审计风险准则。审计风险准则是用来识别、评估和应对重大错报风险的准则，包括财务报表审计的目标和一般原则、了解被审计单位及其环境并评估重大错报风险、针对评估的重大错报风险实施的程序和审计证据 4 个项目。与以往审计准则相比，审计风险准则着力解决以下几个问题：

一是要求注册会计师加强对被审计单位及其环境的了解。注册会计师应当实施程序，更广泛深入地了解被审计单位及其环境的各个方面，包括了解内部控制，为识别财务报表层次，以及各类交易、账户余额、列报和披露认定层次重大错报风险提供更好的基础。

二是要求注册会计师在所有审计项目中都要实施风险评估程序。注册会计师应当将识别的风险与认定层次可能发生错报的领域相联系，实施更为严格的风险评估程序。

三是要求注册会计师将识别和评估的风险与实施的

审计程序挂钩。在设计和实施进一步审计程序（控制测试和实质性程序）时，注册会计师应当将审计程序的性质、时间和范围与识别、评估的风险相联系，以防止机械利用程序表从形式上迎合审计准则的要求。

四是要求注册会计师将识别、评估和应对风险的过程形成审计工作记录，以保证执业质量，明确执业责任。

同时，以审计风险准则为基础，在新制定的其他准则中也体现了审计风险准则的要求。

体现了国际趋同的要求。审计准则体系实现了与国际审计准则的实质性趋同，表现在如下几个方面：从体系结构看，按照国际趋同的要求，根据注册会计师提供服务性质的不同，对审计准则体系进行了重构，与国际准则体系保持了充分的一致。从项目构成看，除个别项目由于对我国几乎不适用而未被纳入外，我国注册会计师审计准则体系涵盖了国际审计准则的所有项目。在审计准则的内容方面，采用了国际审计准则所有的基本原则和核心程序，在审计的目标与原则、风险的评估与应对、审计证据的获取和分析、审计结论的形成和报告，以及注册会计师执业责任的设定等所有重大方面，与国际审计准则保持一致。

上述成果得到了国内外的充分肯定和认可。2005年12月，中国审计准则委员会与国际审计准则理事会就中国审计准则国际趋同举行了会谈。会谈后，共同发表了联合声明，阐明经济全球化背景下审计准则国际趋同的重要性以及双方的共同主张。国际审计准则理事会在联合声明中高度赞赏中国在审计准则国际趋同方面所做的努力和取得的重大进展，认为这种努力和进展为发展中国家和经济转型国家在审计准则国际趋同方面树立了典范。

中国审计准则与国际审计准则的差异。一是中国审计准则写作体例与国际准则的差异。现行国际审计准则由两部分构成，即，基本原则和核心程序，举例和理由阐释等解释性材料。由于我国审计准则以政府的规范性文件发布，因此在借鉴国际审计准则时，未将其中的解释性材料、举例等写入准则正文，而是写入了指南。二是中国审计准则适用背景与国际准则的差异。在国际审计准则制定过程中，更多考虑了全球范围内适用的需要，在不损害执业质量的前提下，尽力尊重各国法律法规的规定，因此在术语的选用、各国对注册会计师执业过程和报告的特殊要求等方面具有相当的包容性；而在我国审计准则的制定过程中，我们更多地考虑中国范围内适用的需要，对于国际审计准则中的备选处理办法，作了明确取舍。三是个别项目的差别。中国公司设立或变更注册资本需要验资，我国审计准则体系中有验资项目，而国际审计准则体系中没有这方面规定。另外，为防止客户通过更换会计师事务所来收买审计意见，我国专门制定了前后任注册会计师沟通准则，国际审计准则体系没有这方面规定，但相关规定散见于其他准则。国际审计准则体系中有个别项目对我国几乎不适用，没有被纳入我国审计准则体系。

（五）审计准则体系的理念

把维护公众利益作为最高原则。维护公众利益是注册会计师的核心价值所在，也是制定审计准则的最高原则。这是因为，我们认识到，高质量审计准则有利于提高会计信息质量。研究会计目标的同志都知道，英国、美国、澳大利亚等国的会计标准制定机构以及国际会计准则理事会都把会计目标定位于提供决策有用的信息，包括投资决策、信贷决策以及其他种种的决策。这一目标表面上看来，只影响每一个市场主体的决策和利益，实际上远远不止这些。从市场体系的运行逻辑看，投资、信贷所形成的资金流的背后，是社会资源的配置，是资源在不同市场主体之间的分配。所以，会计目标能不能有效地实现，还关乎社会资源的合理配置和社会财富的公平分配。注册会计师审计作为会计信息生成链条上的重要一环，高质量的审计准则规范注册会计师审计的行为，对会计信息的可靠性至关重要。

基于这一认识，审计准则在以下方面体现了维护公众利益的理念：

第一，确立了恰当的审计目标。审计准则指出，财务报表审计的目标是注册会计师通过执行审计工作，对财务报表的下列方面发表审计意见：（1）财务报表是否按照适用的会计准则和相关会计制度的规定编制；（2）财务报表是否在所有重大方面公允反映被审计单位的财务状况、经营成果和现金流量。为什么把审计目标定位在对财务报表合法性和公允性发表意见呢？

一是，被审计单位在会计确认、计量和报告时，为保证会计信息质量，要按照适用的会计准则和相关会计制度的规定编制财务报表。这既是包括投资者、债权人、政府和公众等财务报告使用者作出经济决策时的要求，也是被审计单位管理层履行受托经济责任的要求。所谓受托经济责任，是指管理层按照特定要求或原则，经营管理受托经济资源并报告经管状况的义务。如果管理层违反适用的会计准则和相关会计制度的规定，财务报表可能存在重大错报。因此，注册会计师在执行财务报表审计业务时，要运用会计准则和相关会计制度衡量财务报表是否符合要求。

二是，被审计单位在会计确认、计量和报告时，为保证会计信息质量，应当做到会计信息的公允反映。国际会计准则中的《财务报表编制与列报框架》第46段指出，对主要质量特征和恰当会计标准的运用，通常可以使财务报表传达的信息做到真实和公允。随着我国企业会计准则体系的实施，被审计单位编制的财务报表要能够做到在合法基础上的公允。由于会计准则涉及职业判断，财务报表的公允性尤为重要。相应地，注册会计师对财务报表的公允性也要发表意见。

第二，严格了审计工作要求。例如，针对注册会计师在实施审计程序时可能存在不到位的情况，在审计证据部分指出，注册会计师可以考虑获取审计证据的成本与所获取信息的有用性之间的关系，但不应以获取审计证据的困难和成本为由减少不可替代的审计程序。

针对会计师事务所可能过分依赖分析程序，忽视对重大交易、账户余额实施实质性程序的情况，审计准则指出，注册会计师应针对所有重大的各类交易、账户余额、列报和披露实施实质性程序。

针对"安然事件"暴露出的会计师事务所销毁工作底稿的问题，审计准则对审计工作底稿的归档期限和保存年限，以及审计报告日后对审计工作底稿的变动作了规定。

针对审计报告过分抽象、公众不易理解的情况，审计准则重新规划了审计报告的要素，细化了被审计单位管理层和注册会计师的责任，调整了审计报告的格式，使审计报告类型更加明确、内容更加通俗易懂。

第三，强化了质量控制。例如，《会计师事务所质量控制准则第 5101 号 —— 业务质量控制》要求，会计师事务所树立质量至上的意识，培育以质量为导向的内部文化，建立以质量为导向的业绩评价、薪酬及晋升的政策和程序，要求主任会计师对质量控制制度承担最终责任；在从事上市公司审计业务时，要求会计师事务所对所有上市公司财务报表审计实施项目质量控制复核，复核内容包括独立性、审计过程中识别的特别风险及其应对措施、审计过程中作出的重要判断、意见分歧、调整事项和审计报告等；会计师事务所应当周期性地选取已完成的业务进行检查，周期最长不得超过三年。在每个周期内，应对每个项目负责人的业务至少选取一项进行检查。

公开表明注册会计师对发现舞弊承担的责任。注册会计师是否有责任发现舞弊这个问题，会计职业经历了一个曲折的认识过程，美国审计准则的演变为我们提供了一个很清晰的图景。

我们知道，财务报表审计的目标经历了一系列的变化。在审计职业形成的早期（19世纪末至20世纪初），以查错揭弊为主要审计目标，此后，验证会计报表的公允反映逐渐成为更重要的审计目标。到了20世纪60年代，验证会计报表的公允反映已经成为审计的核心目标，这一理念对审计准则的制定产生了重要影响。例如，美国注册会计师协会（AICPA）在1972年发布的审计准则公告第1号《审计准则和程序汇编》明确规定，对财务报表发表意见而实施的一般性检查，尽管时常能够发现揭露贪污或挪用公款的行为和其他类似的违规行为，但是这并不是专为发现此类行为而设计的，因此不能依赖这类检查达到这一目的。在一个组织健全的单位，应当主要依赖适当的内部控制和会计系统来发现这类行为。如果要求注册会计师承担这一责任，他不得不扩充审计工作，以致审计成本高到无法承受的地步。

随后几十年来，资本市场上不断发生舞弊的案件要求注册会计师行业更多地、积极地承担发现舞弊的责任。注册会计师行业如果不能积极予以回应，审计的核心价值就会被削弱，最终就会为社会公众抛弃。因此，各国审计准则重新设定了注册会计师对发现舞弊的责任，以顺应公众的要求。

20 世纪 70 年代后期至今，美国注册会计师协会先后发布了审计准则公告第 16 号（1977 年）、第 53 号（1988 年）、第 82 号（1997 年）和第 99 号（2002 年），对注册会计师在财务报表审计中发现舞弊的责任进行了数次修订，以弥合注册会计师行业和公众的期望差距。1988 年，《美国审计准则公告》第 53 号第一次正面地规定了注册会计师发现舞弊的责任。随后的第 82 号（1997 年）和第 99 号（2002 年）没有改变这一责任设定，而只是对注册会计师如何履行好这一职责提供了更详细的指导。修订后的国际审计准则第 240 号充分借鉴了《美国审计准则公告》第 99 号的成果。

《中国注册会计师审计准则第 1141 号 —— 财务报表审计中对舞弊的考虑》明确规定了注册会计师发现和报告舞弊的责任。注册会计师有责任按照审计准则的规定实施审计工作，获取财务报表在整体上不存在重大错报的合理保证，无论该错报是由于舞弊还是错误导致。该准则以积极的方式设定了注册会计师发现舞弊的责任，明确地指出舞弊与财务报表错报的固有联系。审计的目标是对财务报表是否存在影响信息使用者决策的重大错报发表审计意见，既然舞弊会导致财务报表重大错报，发现舞弊就不是注册会计师的分外之事，而是应尽职责。当然，由于审计的固有限制，注册会计师提供的只能是合理保证，而不是绝对保证。

除明确规定注册会计师对发现舞弊的责任外，审计准则还对注册会计师如何履行这一职责提供了更详细的指导和要求。与原准则相比，修订后的准则内容从20条增加到90条，要求注册会计师积极主动地评估和应对舞弊发生的风险，包括增加审计程序的不可预测性、项目组就舞弊风险进行专题讨论、考虑舞弊产生的条件（动机、机会和合理化）、考虑管理层凌驾于内部控制之上的风险、假定收入确认存在舞弊等。在准则中写进这些内容是为了提高注册会计师发现舞弊的能力。

纠正对内部控制作用的认识。在"安然事件""世通事件"等一系列重大的财务信息造假事件发生后，国际监管机构、企业界和注册会计师行业对内部控制的重视程度进一步提升，有关各方纷纷出台了与内部控制有关的标准和规范。从国际审计准则和有关国家（如美国、英国）的审计准则来看，对内部控制的了解和测试已经被视为注册会计师在财务报表审计过程中识别财务报表重大错报风险的一个重要方面和必经途径。我国审计准则在借鉴国际审计准则的过程中，也充分吸收了这一理念。

大家知道，企业的经营管理活动受到其目标和战略的引导，受到所在行业、监管环境及其他内外部因素的影响，因此不可避免地会面临各种经营风险，其中也包括导致财务报表发生重大错报的经营风险。大家也知道，内部控制作为企业的一项重要管理活动，主要试图解决三方面的问题，即财务报告的可靠性、经营的效率效果以及对法律法规的遵循。一家企业为了抵御或防范风险，或多或少都可能设计并实施了一些内部控制措施。

很显然的，注册会计师如果不考虑内部控制，单纯来看导致财务报表发生重大错报的经营风险，可能就会高估被审计单位的重大错报风险，据此实施的应对程序中就会有一部分是做无用功，浪费了审计资源。这个层面就是注册会计师为什么需要在财务报表审计中考虑内部控制的传统功用。再拿一个业务处理高度自动化的被审计单位来说，如果注册会计师不测试，甚至根本不了解该单位的财务信息系统和相关业务系统中的内部控制，即使检查了所有由自动化系统生成的会计记录和相关凭证，也可能根本发现不了潜在的重大错报。在这种情况下，了解不了解内部控制，测试不测试内部控制，已经不再是能够减少多少审计工作量的问题了，而是直接影响到了审计工作的效果。从这个层面上讲，审计工作对内部控制的依赖已经超越了传统意义上的审计与内部控制之间的关系。

如何在财务报表审计中考虑内部控制？这里要重点谈一谈审计实务中比较普遍存在的工作误区以及审计准则的变化。

在了解、测试和评价内部控制这几个环节中，过去的审计实务普遍存在着几种倾向。

第一种倾向是，项目负责人根本不对被审计单位的内部控制作任何了解或测试，认为内部控制是一个很空洞的东西，做不做程序都无所谓。这种思想和做法对审计工作质量的危害非常之大。试想，注册会计师如果不了解内部控制，就不能合理把握被审计单位对自身风险的防范程度有多大，评估出的重大错报风险自然不准确，应对程序也就缺乏针对性，审计资源有可能浪费，也可能不足。如果再考虑到审计实务中的实际情况，大部分会计师事务所都倾向于减少实质性测试的工作量，那么这种盲目减少审计工作量的做法就缺乏依据，会计师事务所很难对审计风险进行有效控制。

第二种倾向是，项目负责人可能仅仅在形式上对内部控制进行了解和测试，但缺乏目的性和针对性，程序也比较机械、单一。比如说，项目负责人可能只是把内部控制的了解或测试工作交给项目组内部的某个成员在某个时间段里集中完成，而负责具体的财务报表认定的各个项目组成员并不去有意识地利用内部控制的了解或测试结果，并把这种结果和自己负责的报表认定建立联系。这样的工作方式就使得项目组在形式上实施的内部控制了解程序或测试程序并没有真正落实，发挥不了实际作用，对审计工作的质量同样没有实质性的帮助。

第三种倾向是，项目负责人仅仅了解和测试内部控制，而不做实质性程序。这种倾向往往是在注册会计师通过了解和测试内部控制后，认为被审计单位的内部控制非常不错的情况下发生的。对于这种倾向，我们也不赞成，一方面，注册会计师不可能完全识别所有的重大错报风险，另一方面，内部控制毕竟存在着难以克服的固有局限，特别是存在着串通舞弊的风险以及管理层凌驾于内部控制之上的风险。不做任何实质性程序，或不适当地减少实质性程序的工作量，都可能导致无法发现实际存在的重大错报。

针对上述三种不正确的倾向，审计准则提出要求：了解被审计单位及其环境是必要程序，对内部控制的了解自然包含其中；在评估错报风险时，注册会计师应当将所了解的控制与特定认定相联系。尽管审计准则并不要求注册会计师在任何情况下都需要实施控制测试，但明确规定了注册会计师必须实施控制测试的两种具体情形。此外，审计准则还特别强调了无论评估的重大错报风险结果如何，注册会计师都应当针对所有重大的各类交易、账户余额、列报与披露实施实质性程序。

通过上述核心规定以及其他相关要求，我们希望审计准则无论在理念上还是在实务操作上，都能够有助于正确理解财务报表审计与企业内部控制的关系，在财务报表审计过程中针对被审计单位的内部控制有效设计和实施审计程序，切实评估和应对财务报表重大错报风险，提高审计质量。

把勤勉尽责作为注册会计师的职业追求。从民法的角度讲，服务的提供者对服务的消费者或使用者负有勤勉尽责的义务，如医生对病人、律师对客户等。西方法学词汇"应有的关注 (Due Care)"，也就是我们说的勤勉尽责。对专业人士而言，强调勤勉尽责这一高层次原则尤其重要，因为专业人士与其服务对象之间通常存在信息不对称，服务对象很难判断专业人士提供服务的质量或作出的职业判断是否合理，也很难设置具体的程序来完全约束专业人士的行为。

注册会计师在提供专业服务时更应当做到勤勉尽责。因为，会计信息是一种公共物品，其使用不具有排他性。注册会计师如果把关不严，虚假会计信息会影响到很多信息使用者的经济决策。勤勉尽责要求注册会计师保持职业怀疑态度和一丝不苟的精神，运用其专业知识、技能和经验，认真收集和客观评价审计证据，支持审计意见。

职业怀疑态度是指注册会计师以质疑的思维方式来

评价所获取的审计证据的有效性，并对相互矛盾的审计证据，以及引起对文件记录或管理层和治理层提供的信息的可靠性产生怀疑的审计证据保持警觉。

职业怀疑态度并不要求注册会计师假设管理层是不诚信的，但是注册会计师也不能假设管理层的诚信就毫无疑问。职业怀疑态度要求注册会计师凭证据"说话"。

职业怀疑态度意味着，在进行询问和实施其他审计程序时，注册会计师不能因轻信管理层和治理层的诚信而满足于说服力不够的审计证据。相应地，为得出审计结论，注册会计师不应当使用管理层声明替代应当获取的充分、适当的审计证据。例如，注册会计师不能仅凭管理层声明，而不对重要的应收账款进行函证，就得出应收账款余额存在的结论。

职业怀疑态度要求，如果在审计过程中识别出异常情况，注册会计师应当进行进一步调查。例如，如果注册会计师在审计过程中识别出的情况使其认为文件记录可能是伪造的，或者文件记录中的某些条款已发生改动，则应当进行进一步调查，包括直接向第三方询证，或者考虑利用专家的工作以评价文件记录的真伪。

勤勉尽责的理念在很多审计准则中得到体现。例如：《中国注册会计师审计准则第 1141 号 ——财务报表审计中对舞弊的考虑》规定，注册会计师不应当将审计中发现的舞弊视为孤立发生的事情。注册会计师还应当考虑，发现的错报是否表明在某一特定领域存在舞弊导致的更高的重大错报风险。

《中国注册会计师审计准则第 1301 号 —— 审计证据》规定，如果从不同来源获取的审计证据或者所获取的不同性质的审计证据不一致，可能表明某个审计证据不可靠，注册会计师就应当追加必要的审计程序。

《中国注册会计师审计准则第 1341 号 —— 管理层声明》规定，如果管理层的某项声明与其他审计证据相矛盾，注册会计师应当进行调查。必要时，注册会计师应当重新考虑管理层其他声明的可靠性。

（2006 年 9 月）

第六讲

推进国际会计职业标准本地化

　　这里所讲的会计职业标准，包括会计标准、审计标准、职业道德标准等对注册会计师执业起规范作用的标准，是一个广义的概念。国际会计职业标准已经成为全球经济金融治理一个重要的因素。这是国际社会认识国际经济规律的重大进步。国际会计职业标准的发展，以及国际会计职业标准越来越多的运用，为我们深入思考如何对待国际会计职业标准、如何深化中国会计职业标准的国际趋同，既提出了要求，也提供了条件。其中值得我们重视的是，在已经实现了中国会计职业标准国际趋同的新形势下，如何将已经趋同的"文本"转化为广大注册会计师的专业实践，如何将趋同的"成果"转化为会计审计信息质量成果。由于这"两个转化"涉及对国际会计职业标准文本的深刻理解、准确阐释和自觉运用，涉及国际会计职业标准与不同经济体的经济体制、社会模式、文化传统等因素有机结合的问题，所以，我把它称之为国际会计职业标准的本地化问题。

（一）中国会计职业标准国际化的实践

改革开放以来，中国会计职业标准国际化经历了借鉴、接轨、趋同三个阶段，实现了改革探索、稳步推进、实现质变三次飞跃。

第一个阶段是从 20 世纪 80 年代至 90 年代初。在对外开放与对内搞活经济、经济改革与国企转型的背景下，为适应外商投资企业发展、股份制试点和企业制度改革的需要，我们恢复重建了注册会计师制度，建设注册会计师执业规则，制定针对中外合资企业的会计制度，同时对国内企业的会计制度进行修改，在许多业务的处理上采用了国际通行做法。

第二个阶段是从 1992 年至 2005 年。随着改革开放的持续深入和建立市场经济体制目标的确立，尤其是企业制度的变革和资本市场的发展，计划经济会计模式的局限性日渐显现，会计职业标准全面改革的要求非常迫切。为此，我们将计划经济的会计模式转换为市场经济的会计模式。在会计标准方面，于 1992 年发布《企业会计准则》和分行业的会计制度，以及《企业财务通则》和分行业的财务制度，统称为"两则两制"。"两则两制"标志着中国会计标准与国际接轨。这里讲的接轨是模式意义上的接轨，其核心是用资产负债表模式替代资金平衡表模式，至于具体业务的处理，是保留了许多"中国特色"的。接着搞的具体准则，任务是在具体业务上更多地采用国际标准。1997 年公布的第一个具体准则是关联方业务。在审计标准方面，1994 年 5 月开始起草独立审计准则。到 2004 年，先后分 6 批公布独立审计准则，基本形成了注册会计师执业准则体系的框架。

　　第三个阶段是 2005 年至今。适应经济全球化及经济生活日益融入全球经济的需要，我们明确提出支持国际组织的会计职业标准国际趋同的主张，主动推进中国会计职业标准与国际标准趋同。2006 年初，发布《企业会计准则》和《中国注册会计师执业准则》，标志着已经建立既适应我国市场经济发展要求、又顺应国际化大势的会计职业标准体系，从那个时候起，会计职业标准体系顺利实施。2009 年 10 月，还发布了与国际会计师职业道德守则趋同的《中国注册会计师职业道德守则》，会计职业标准持续全面趋同取得了新的成果。

　　国际社会对我国会计职业标准国际趋同行动给予了高度评价。国际会计准则理事会、国际审计准则理事会分别与中国会计准则委员会、中国审计准则委员会签署联合声明，确认企业会计准则、审计准则实现国际趋同。时任国际会计准则理事会主席戴维·泰迪高度赞扬中国在会计改革方面的举措和推动会计标准国际趋同的贡献。国际审计准则理事会赞赏中国的努力和工作，认为这是为发展中国家和经济转型国家审计标准的国际趋同树立了典范。2009 年 10 月，世界银行在《中国会计和审计评估报告》中高度评价中国会计审计标准的改革成果，认为改进会计职业标准和实务质量的战略和做法可供其他国家借鉴。

（二）中国会计职业标准国际化的方法论

牢牢把握经济改革发展进程，不失时机地推进会计改革，保持会计改革与经济改革发展的互动。一方面，会计改革应当服务于经济改革，有什么样的经济改革要求，就有什么样的会计改革措施。从会计改革与发展历程可以看出，会计职业标准建设的三个阶段是与改革开放，特别是市场经济发展的进程相吻合的，会计职业标准的建设始终为改革开放、引进外资、支持企业"走出去"的大局服务。另一方面，会计改革也推动了经济改革的进程，1992 年公布的"两则两制"，不仅是对市场经济规则做法的普及，也同时向企业家和监管部门传递了市场经济和现代企业制度的核心理念。

紧紧跟踪国际会计发展进程，在国际合作中寻求会计发展的动力。面对国际化大势，我们在会计职业标准实现国际趋同的过程中，与国际会计职业标准制定机构建立了多层次、全方位的交流沟通机制，并与各主要经济体紧密联系合作。中国与国际会计准则理事会、国际会计师联合会、区域会计审计职业组织、许多国家及地区职业团体建立了经常性沟通联络和对话合作机制，倡议成立了亚洲—大洋洲会计准则制定机构组织（AOSSG），积极推动国际会计准则理事会成立新兴经济体工作组，委派多位代表在国际会计组织任职，通过与国际会计审计标准制定机构的密切互动提升话语权。与美国财务会计准则委员会完善定期会议机制，2011年与日、韩两国会计标准制定机构就未来十年合作领域及合作愿景作出规划。特别是在应对国际金融危机中，我国会计改革进程所展示的开放胸襟、取得的成果，得到了国际会计界的充分肯定，也得到 G20 峰会和金融稳定理事会的充分肯定。

创立"实质趋同"模式，建立持续趋同机制。将会计职业标准建设与国际化作为推进市场经济体制建设和国际经济合作的一项基础工作，考虑到法律环境、语言习惯和市场经济发展进程，采取与国际标准"实质趋同"的模式，以国际标准为基础制定本国会计职业标准。这种模式既顺应了会计职业标准国际化潮流，又适应了中国经济发展进程。基于中国会计职业标准与国际标准实质趋同的共识，2007 年签署的《内地与香港会计执业标准等效联合声明》表示，内地企业按照内地的会计标准编制的财务报表、中国注册会计师按照内地的审计标准提供的审计报告为香港证券市场所认可，从实践上肯定了中国会计职业标准国际趋同的成果，并带动了国际市场对中国会计准则和审计准则的普遍接受。

2012 年，与欧盟达成协议，认定中国与欧洲市场会计准则等效，

基于趋同是一个动态的过程，我们建立了持续趋同机制。2010 年 4 月公布的《中国企业会计准则与国际财务报告准则持续趋同路线图》，进一步明确会计准则建设将继续采取趋同的模式。2010 年 11 月发布修订后的注册会计师职业准则体系，吸纳了国际审计准则理事会明晰项目（Clarity Project）的成果，实现了与国际审计准则的动态趋同。

会计职业标准的制定和执行机制的建设并举。我们认识到，在会计职业标准制定过程中，强调会计职业标准国际化固然重要，会计职业标准的有效实施同样重要。为此，为会计职业标准的贯彻实施做了大量的配套工作，包括制定发布解释文告和应用指南、组织宣传和培训、改进监管机制等，其中建立以系统风险防范为导向的会计师事务所执业质量检查制度，有效发扬和巩固了会计职业标准国际趋同的成果。

（三）国际会计职业标准有一个"本地化"的问题

应当看到，无论从国际会计职业标准所依据的概念和假设来看，还是从其形成机制来看，大多是以英美国家的经济环境和会计模式为参照系的。对于新兴经济

体、经济转轨国家以及非英语国家或地区而言，国际会计职业标准很大程度上不是从会计职业的执业实践中总结形成的，有"舶来品"的色彩。如何将国际会计职业标准这一"舶来品"转化成为广大注册会计师的自觉实践，把会计职业标准国际化成果转化为高质量的会计信息，是我们推进会计职业标准国际化的题中应有之义，我把它称为国际会计职业标准的"本地化"问题。

从语言差异看国际会计职业标准的本地化。国际会计职业标准是用英语写成的，对于不是以英语作为母语的注册会计师来说，理解起来会存在一些差异。即便是英语作为母语的地方，对同一种文字表述，也可能有不同的理解。语言表达上的差异本身，是实现国际会计职业标准在全球范围内理解和执行一致性的一大障碍。

曾有学者研究提出，国际会计准则中常见的"Probable"一词，在不同国家，注册会计师们给出的概率量值相去甚远。后来国际会计准则理事会通过名词解释来解决这一问题。再如，在国际审计准则明晰项目之前，一些情态动词，如"Would"，存在着理解上的混乱，注册会计师的责任是什么，是在通常情况下需要做，还是可做可不做，并没有讲清楚。国际审计准则理事会通过明晰项目在很大程度上逐步解决了这类问题。但是，我们也注意到，同样是表示强制执行的要求，美国公众公司会计监督委员会说的是"Must"和"Should"，而国际审计准则理事会说的是"Shall"。

在进行英语与其他语言进行翻译转换的时候，遇到的困难甚至还要多一些。对许多英语词汇，我们甚至找不到一个对应的母语词汇来表达。以科学的、审慎的态度，甚至意译的方法进行国际会计职业标准的翻译，是国际会计职业标准本地化任务的一个重要方面。

从形式与实质的背离看国际会计职业标准的本地化。无论是哪个企业发生的业务，无论是哪个地方发生的业务，只要经济实质相同，按照国际会计准则来处理，都应当得出同样的结论——这是国际组织对推进会计标准国际化目标的阐述。"实质重于形式"是世界会计职业的核心原则。我们注意到，由于法律制度、历史传统等诸多因素，不同的地方，会有不同的交易形式、交易类型、交易组合。国际会计准则是以发达市场体系的交易形式、交易类型、交易组合为背景写的。确切地说，主要是以英美国家为背景写的。同样是发达经济体，交易形式、交易类型、交易组合也有不同；而在发展中国家和新兴经济体，这类差异会更大。形式上相同的经济业务，很可能在经济实质上并不相同。如果就条文论条文，机械地套用国际标准，有可能导致"南辕北辙"。所以，在采用国际会计职业标准的时候，就应当把握住其规范目的、主要原则，找到特定类型经济业务或特定经济业务的实质。

从文化传统看国际会计职业标准的本地化。在中华文化环境中，"亲情""友情"等伦理因素在调节社会关系中起着相当大的作用。类似的文化特性，不可避免地影响着国际会计职业标准的运用。举例来说，Intermediate Family Member 在国际会计师职业道德守则中是一个十分重要的概念，它关系到为保持审计独立性而须回避人员的范围。国际会计师职业道德守则把这个概念定义为配偶和有经济依赖关系的家庭成员。这个定义明确地体现了注重个体独立的西方文化背景。基于独立性这一职业道德要求的本质，我们把它运用到中国文化环境的时候，国际标准的定义所给出的范围就显得狭窄了，达不到国际会计师职业道德守则中保持审计独立性的原意。我们认识到，在有些情况下，不具有经济依赖关系的父母、子女甚至远亲，也会对审计的独立性产生重大的不利影响。因此，我们在处理 Intermediate Family Member 概念时，没有采用国际标准中的定义，而是采用了主要近亲属这个概念，外延上包括父母、配偶和子女，不强调是否"具有经济依赖关系"。

再如，国际审计准则对舞弊风险的识别、评估和应对提出了原则要求，这些原则要求无疑也适用于中国。但是在中华文化环境中，同样要考虑"亲情""友情"等伦理因素对舞弊风险识别、评估和应对的重大影响。

从职业判断要求看国际会计职业标准的本地化。职业标准本身的原则导向与尊重注册会计师的职业判断，二者互相依赖，构成国际会计职业标准的鲜明特征。国际会计职业标准中的会计政策选择、会计估计决策，以及"控制""重大影响""资产减值"等重大概念的处理，均依赖于注册会计师的职业判断。就国际审计准则而言，审计重要性水平的确定、重大错报风险的识别、评估和应对，都是职业判断的绝好例子。

我们看到，在包括亚洲在内的一些地方，"条文式"法律传统，类似于"大陆法"因素，使得专业人士的职业自信、职业权威和职业自律尚没有充分树立起来，包括注册会计师在内的专业人士更习惯于对照条文办事。原则导向的国际会计职业标准给注册会计师们留下许多职业判断的空间。如果出现会计审计标准没有涉及的问题，或者，虽然会计审计标准有所涉及，但对于没有充分交代的领域，注册会计师们往往无所适从。

（四）国际会计职业标准本地化的行动

国际会计职业标准制定机构。对于国际会计职业标准制定机构来说，应当避免以英语国家的市场环境、实务操作和监管要求等作为制定国际会计职业标准的唯一的参照系，应当看到其他经济体，包括新兴经济体、经济转轨国家或地区在使用、理解、执行国际会计职业标准中的困难、意见和要求。应当在倚重发达国家、英美国家会计实践的专业理念、具体方法和实践经验的同时，重视其他经济体在国际会计职业标准制定中的参与度、条文的针对性以及在运用中的难度。最近，国际会计准则理事会成立了新兴经济体工作组，增加了新兴经济体在准则制定中的参与。国际审计准则理事会启动并完成了明晰项目（Clarity Project），对准则体例结构和部分准则的内容进行了重大修订。这些举措都值得充分肯定并发扬光大。

国别或经济体别会计职业标准制定机构。 对于某一国家、某一地区或某一经济体来说，应当高度重视国际会计职业标准的本地化问题，把提高审计质量和会计信息质量、使国际会计职业标准落地生根，作为会计职业标准国际化战略的根本任务，不能满足于"条文"上的国际化。

既要重视国际会计职业标准的采用模式的战略安排，也要重视国际会计职业标准本地化的方法策略。即使是直接采用国际会计职业标准的地方，也要考虑国际会计职业标准的语言、目标、原则为本地注册会计师和监管机构理解、认同的程度，作出必要应对。

另外，在认识到国际会计职业标准英语语言背景、发达市场背景、会计职业化背景的基础上，无疑应当做好语言转译、背景甄别、应用指南、解读培训等工作。

监管机构。 随着国际会计职业标准的普及，职业标准本身的差异将会越来越小，甚至最终消失，但职业标准实施的任务，将长期存在。对会计职业标准实施的监管，任重道远。我们认为，第一，会计职业标准的监管要建立在原则导向上，建立在对经济业务实质的分析和把握上，避免"就事论事""就条文论条文"。第二，在监管实践中，要尊重注册会计师的职业判断，避免"秀才遇到兵，有理说不清"。第三，要不断改进市场法律和监管机制，把监管工作建立在尊重市场经济规律的基础上，市场法律和监管机制越符合市场经济规律，国际会计职业标准就越能发挥效力，不能"削足适履"。

会计职业。注册会计师之所以成为"注册会计师"，很大程度上在于其所具有的职业判断能力。具备职业判断能力，既是注册会计师成为一个职业的理由，同时也是会计职业标准国际化的实践条件。为此，注册会计师应当首先做到职业自觉，认识这个职业的专家特性以及执行职业判断的权利和义务；其次，要树立职业自信，也就是职业判断的自信，在理解会计原则和实施职业判断上，注册会计师无疑是"无冕之王"；再其次，要保持职业自强，主要是提高职业判断能力，其中很重要的一条，就是要掌握现代会计审计理论、吃透会计审计标准，透过交易形式和法律形式，把握经济实质，"不求其形、但求其实"；最后，要坚守职业自律，职业判断是一种权利，更是一种责任，要讲诚信，重承诺，做受人尊重的"专业人士"。

（2012 年 9 月）

第七讲

注册会计师职业判断

职业判断是注册会计师的核心能力，提高职业判断能力是注册会计师职业化的重点任务。不会职业判断是做不好注册会计师的。不承认职业判断、不尊重职业判断的结果，实际上就否定了注册会计师作为一个职业的价值。

（一）职业判断是会计职业的精髓

每个人每天都要面对判断的任务，其中有一些问题并不是每个人都能够判断出结果的，这就需要专家来帮助。这是产生专家职业的主要原因。对不同领域的知识、经验、技能和判断的需要，产生了不同的专家职业。职业判断是会计职业的精髓，至少有以下几个理由：

注册会计师的职业活动是由一系列职业判断构成的。注册会计师的工作对象是经济现象和数据；注册会计师的工作成果，是系统化的财务信息和审计报告；注册会计师的工作过程，需要识别、分析、联想、类比。在这个过程中，职业判断是贯穿始终的。交易实质、资产减值、使用年限等属于会计判断，确定重要性水平、识别和评估重大错报风险、对会计判断的再判断、确定审计意见类型等等需要审计判断，是不是违背独立性原则属于职业道德判断。

职业判断能力是注册会计师胜任能力的核心。注册会计师职业的能力建设是当前国际会计职业的热点话题。注册会计师首先是具备专业知识的人，但又不是仅仅掌握知识，还要运用知识来解决专业问题，在不能精确计量的情况下要作出估计，为了把握整体就要进行抽样，在没有具体标准的时候就要运用原则和经验，以上这些情形都需要判断。其实，每个人每个行业都是离不开判断的，只是像注册会计师面临判断的情形更频繁、更大量、更复杂，更为公众所倚重，所以称之为"职业"判断。职业判断能力是注册会计师胜任能力的核心。

职业判断是职业标准的内在要求。职业标准是规范注册会计师职业活动的技术标准和行为标准，有了职业标准，为什么还要职业判断呢？这是因为：

第一，职业标准本身就是一种职业判断，它是一个职业的集体的判断。无论是会计标准，还是审计标准，本质上都是注册会计师职业作为一个集体所进行的判断。什么是资产，什么是负债，什么时候确认资产，什么时候确认负债，都是注册会计师集体的判断。职业标准代表一个职业对专业问题所达成的共识，具有集体判断的性质。

第二，职业标准的运用，离不开职业判断。职业标准是有层次的，最高层次是原则和原理，也有对具体问题的处理意见，但是不可能穷尽所有具体问题。在许多情况下，只有原则和原理的规定，没有针对具体问题的规定，这就需要注册会计师根据原则和原理作出判断。即使有具体规定，也需要对这些具体规定的适用对象、适用范围作出判断。

第三，职业标准难以预见新的经济问题。经济现象在变化，经常地提出新的会计审计问题。从出现会计审计问题到形成会计审计标准，是有时差的。在没有新的标准的情况下，注册会计师必须自己作出判断。所以，无论是会计准则、审计准则，还是职业道德守则，都有明文条款要求注册会计师进行职业判断，或者表明其工作具有职业判断的性质。比如，国际财务报告框架强调，财务报告在很大程度上是以会计估计、职业判断和模型为基础编制的，而不是精确的描述；国际审计准则要求注册会计师在计划实施审计时运用职业判断。检索一下国际审计准则文本就会发现，"职业判断"或"判断"频繁出现，前后出现了100多次。

（二）会计职业判断面临新的环境

随着经济形势的巨大变化，会计职业处于大变革的环境，会计职业判断面临新的任务，需要引起注册会计师们足够的重视。

经济转型，职业判断面临新的对象。当前，世界经济已经进入了一个关键时期，无论是新兴经济体，还是发达经济体，都在寻求转型之路，相应地产生新的产业形态、新的交易安排、新的治理形式、新的监管模式。这一切给注册会计师的职业判断带来新的挑战。即使在发达国家，也面临着提高注册会计师职业判断能力的任务。具体来讲，有四个方面：

第一，制度变化，影响特定经济业务的实质。制度的变化并不会必然地引起经济业务实质的变化，但是，制度的变化会在不同程度上影响对经济业务的实质的判断。2008 年发生的金融危机，改变了立法部门、监管机构、市场主体对经济生活的认识。在金融工具的设计方面，随着 20 世纪 80 年代在发达国家兴起的新自由主义思潮，普遍出现放松监管、减少市场准入限制。金融危机提醒我们，经济需要监管，金融更需要监管，金融风险需要控制。基于这些认识，国际层面和国家层面都提出了制度变革的要求，涉及金融混业经营的问题、资产负债比例的问题、投资准入的问题、交易组合的问题、反洗钱反恐怖融资的问题，等等，所有这些制度变化，都会影响到对经济业务的实质的判断。

第二，新技术的应用，给传统的交易模式带来巨大变化。网络交易、互联网金融、电子商务等新技术的应用，影响的是商品交接方式的变化、货币支付方式的变化，最终体现为收入确认的变化，是否确认收入，在什么时点上确认收入，都面临新的问题。

第三，新业态企业的资产要素与传统企业相比有很大不同。随着技术进步，带来业态的重大变化，其中最突出的是"轻资产"倾向。在高科技企业，资产规模要比传统企业小得多。在这种情况下，如何看待它的风险和持续经营能力？对于传统企业，如果数年亏损，我们往往认定为不可持续，在新的业态下，一些企业亏损多年，仍然受到资本的追捧，注册会计师们如何认定这些亏损公司的可持续性呢？这是新业态给会计职业判断带来的新任务。

第四，互联网企业改变了公司治理方式。随着技术要素在公司治理和利润分配中起更大的作用，资产负债表如何确认人力资本，如何处理股权结构与决策制度安排之间的分离，成为新的职业判断问题。

国际趋同，职业判断面临新的任务。国际趋同是世界会计发展的总趋势。会计准则、审计准则、职业道德守则、监管标准、培训标准，都在寻求国际趋同。国际趋同的本质是，规则导向向原则导向趋同，条文导向向目标导向趋同，向实质重于形式趋同，向会计信息的决策有用趋同。

规则导向有一个特点，就是"照葫芦画瓢"。但是注册会计师作为一个职业，根本任务是提供有价值的信息。什么时候注册会计师仅仅是"照葫芦画瓢"了，这个职业的价值就没有了。

随着会计审计标准的国际趋同，注册会计师的职业判断在会计审计报告的形成中将发挥越来越大的作用。即使是那些在国际趋同之前就实行原则导向的国家，同样也面临把原则导向贯彻到底的问题。有一位注册会计师批评说，随着培训课程的模块化、专业工作的电子化，注册会计师们的专业训练越来越薄弱了，越来越把会计作为一种技术来培训了，没有接受过会计专业的系统教育的人，也可以通过短期的培训来做会计了。事实是，没有职业精神的培养，没有职业判断能力的训练，注册会计师将面临巨大的职业风险。

监管创新，职业判断面临更大的责任。在过去10年里，会计职业最大的变化，除了趋同，就是监管。监管变得越来越多，成为世界会计职业的共同现象。随着监管的创新，职业判断将面临更大的责任。

会计职业需要监管，究其原因，至少有两个方面的原因：一是注册会计师的工作存在重大的信息不对称。注册会计师是专家，注册会计师执业所运用的理论、技术和方法是职业外的人所不具备的。注册会计师工作成果的使用者对会计审计问题的了解，要比注册会计师少很多。判断会计审计质量的发言权在注册会计师手上。有判断权威的人需要监管。二是会计审计服务的外部性。注册会计师向客户提供审计报告的时候，受益的人不仅仅是这个客户，还有公众，包括客户的股东和债权人、潜在股东和债权人，乃至更广泛的人群。如果把资本市场作为一个巨型客户，受益者就是这个经济体系。会计审计服务具有外部性，当然需要监管。

当然，也要避免监管过度。从职业判断的角度看，监管部门应该对会计职业有更多的理解，对职业判断有更多的尊重；会计职业不能因为受到监管，就放弃职业判断的权利。

（三）职业判断能力需要提升

职业判断水平的提升，是系统工程，需要各方面的共同努力。在提升职业判断的能力、树立职业判断的权威方面，有三个主体是非常重要的：一是注册会计师；二是会计职业组织；三是监管部门。其中，注册会计师们长期持续的努力是第一位的。

注册会计师是职业判断的主体，应当努力提升职业判断的意识和能力。具体有四条：一是职业判断自觉，把职业判断作为自己的权利和责任，权利当前，不能放弃，责任当前，不能回避；二是职业判断自信，要有舍我其谁的精神，敢于作出判断；三是职业判断自律，不能作无原则的判断，不能做违背职业精神和职业标准的判断；四是职业判断自强，努力提升职业判断的能力。其中，自强是核心，离开了自强，自觉就没有意义，自信就是盲目的，也更谈不上自律。如何做到职业判断自强呢？

第一，注册会计师要加强理论学习。注册会计师之所以成为一个职业，有理论的指导是一个重要的原因。会计职业判断是建立在理论基础上的。职业判断，首先是理论判断。例如，在判断收入是不是成立的时候，先要看其是否符合收入的定义，接下来要考虑其是否符合收入确认的条件。定义和条件都属于理论的范畴。理论判断是职业判断的第一步。离开了理论的指导，职业判断就没有根基。

第二，注册会计师要拓宽知识领域。无论是在传统的经济环境下，还是现代经济环境下，会计审计的职业判断，都要运用各种知识。要想做好职业判断，只懂会计审计知识是远远不够的。尤其是在风险导向审计模式下，在国际趋同、公允价值计量、目标导向的会计标准下，注册会计师的知识面越来越重要了。注册会计师要努力拓宽知识领域，支持职业判断。

第三，注册会计师要把握职业标准。职业标准是集体判断的成果，是注册会计师个人判断的大前提。注册会计师要学好会计审计标准，遵循职业标准的核心要求，运用好集体判断的成果。

第四，注册会计师要掌握决策方法。职业判断就是职业决策，决策就要遵循决策的规律和程序，掌握决策的理论和方法。从决策步骤来说，注册会计师要先确定职业判断的问题和目标，收集充分的信息，这样才能识别和评价决策方案，形成正确的职业判断结论。收集和评价相关信息是职业判断的基础。

第五，注册会计师要有效控制职业判断风险。职业判断是有风险的，也就是判断偏差和失误。职业判断的风险就是注册会计师的执业风险。绝大多数审计失败案件，都与注册会计师的职业判断失误有关。注册会计师要有效控制判断风险。

职业组织要把提升职业判断能力作为行业建设的重点任务。会计职业组织，严格来讲是一个学校，应该重视提高注册会计师职业判断能力。

第一，要对注册会计师职业判断行为进行指导。一是提供职业判断指南。要像重视职业标准那样重视职业判断指南的建设。二是开展职业判断能力的培训，对职业判断作出理论的解释和程序的解读，总结和解读职业判断案例。三是在注册会计师遇到专业问题的时候，会计职业组织有义务提供帮助。在每年的年报期间，中注协都会启动会计审计咨询小组的工作机制，向注册会计师们提供咨询服务，其中主要是提供职业判断上的帮助。

第二，要认知职业标准的集体判断性质。制定职业标准是会计职业组织的一个重要功能。在这个过程中，要充分实践职业标准的集体判断性质，集思广益，广泛征求意见和论证，最大限度地吸收行业内外的意见，使职业标准体现集体判断的力量。

第三，要维护注册会计师职业判断的权威。应当加强对会计职业判断理念的推广与宣传，特别是要面向公众宣传职业判断的意义，呼吁尊重职业判断，推动监管环境的改善。同时，在职业判断权威受到损害的时候，要为注册会计师提供支持。

监管部门要理解和尊重注册会计师的职业判断。推动会计职业判断的发展，需要会计职业自身的努力，也需要为职业判断创造一个良好的外部环境，在这方面，监管部门对职业判断的理解认同十分重要。

第一，认识会计职业判断。监管部门应该认识到，注册会计师的看家本领就是职业判断，否定了职业判断的权利和能力，也就否定了注册会计师作为一个职业存在的理由。

第二，理解会计职业判断。理解会计职业判断的基础、原则、机理和方法程序；理解职业判断的性质，它的价值及其潜在的局限、固有的困难；理解审计是合理的保证，不是百分之百的保证；理解职业判断存在个性因素，不同的注册会计师有不同的倾向等。

第三，尊重会计职业判断。把监管建立在原则导向的基础上，用职业判断的方法来评价职业判断，避免用规则来评价职业判断。在许多情况下，职业判断水平是相对的高与低的区别，不是有与无的区别；职业判断结果是相对的好与差的区别，不是真与伪的区别。

（2014 年 10 月）

第八讲

注册会计师的能力提升

　　能力提升是注册会计师职业的核心任务。提高注册
会计师职业化水平，就要认识注册会计师的能力养成规
律，掌握注册会计师能力提升之道。

（一）考察注册会计师能力的四个维度

　　首先从几个侧面对"能力"进行一些考察，提出跟
能力相关的几对概念。

　　基础能力与专业能力。基础能力说的是一个成年人
最基本的能力，比如听说读写能力、计算比较能力、分
析分类能力等。所谓专业能力，是从事某个职业所需要
的特殊能力。不同的职业，对一个人的基础能力也是有
不同程度的要求的，但最重要的还是要有与职业要求相
适应的能力，其中一定的天赋也是很重要的。从事音乐
的人，应当有音律方面的天赋；成为注册会计师的人，
应当对数量关系有一定的敏感性。

思维能力与行动能力。思维能力包括分析、判断、推理能力，是认识世界的能力，也就是认知能力；行动能力是把理想和计划付诸现实、把分析思考的结果化为实践的能力，是改造世界的能力，是动手能力。注册会计师作为专业人士，思维能力无疑是其核心能力，平时我们对这方面强调得比较多。但是，要把专业的认识变成专业的意见、把专业的计划变成团队的行动、把专业的结论变成专业的报告，还需要有行动能力。

显性能力与隐性能力。说话写作、计算分析、沟通表达等是显性能力；学习认知、控制情绪等则属于隐性能力。有许多显性能力是以隐性能力为支撑的，甚至在某些情况下，显性能力只是隐性能力的外在表现。注册会计师职业判断能力的背后是逻辑能力、联想能力、认知能力这样的隐性能力。

外向能力与内向能力。沟通表达的能力、说服别人的能力、合作共事的能力是外向能力，是互动能力。内向能力是独立工作的能力，包括感知能力、学习能力、思考能力、写作能力等。注册会计师的内向能力当然十分重要，但是外向能力也是不可或缺的，离开了与客户的合作、与助理人员的合作、与合伙人的合作、与监管部门的合作、与媒体的合作，注册会计师是无法工作的。

（二）注册会计师能力的五个要素

注册会计师需要具备多方面的能力，下面几种能力无疑应当重点发展。

逻辑思维能力。逻辑思维能力属于一个人的认知能力，因为任何人都需要逻辑思维。注册会计师作为专业人士，承担专业工作，其基本职能就是分析、判断、推理、归纳、总结，去粗取精、去伪存真，从纷繁的数字、事实、情形、结果中找出因果联系，形成结论，提出专业报告，所有这些工作，要以逻辑思维能力来支撑。

语言表达能力。语言是沟通的工具，语言能力是沟通能力的一个要素。语言表达能力基于逻辑思维能力，因为语言无非是把思考的结果传达出来，因为"有话要说"。语言表达能力又不能等同于逻辑思维能力，同样的逻辑思维结果，不同的语言表达方式，效果也会大不相同，所以语言表达要有技巧，这里的技巧就是能力。语言表达有口头和书面之分。从典型意义上讲，口头语言表达和书面语言表达是有不同要求的，适用的场合也不相同，后者表现为文告、文件、文书、文章。除非极端的情形，口头语言与书面语言并不泾渭分明，口头语言带有书面语言的因素，书面语言带有口头语言的因素，如果运用恰当，那是好的语言表达。最要避免用书面语言发言，即使是念稿子，也应当是用口头语言写成的稿子。注册会计师在进行语言表达时，既要运用数字、表格、图示等专业工具，同时要考虑简练、直观、概括等形式要求。

职业判断能力。判断能力是一个人应当具备的基础能力，职业判断能力则属于专业能力。职业判断是对专业问题的判断，所以职业判断能力是在理论指导下开展工作的能力，是需要专门训练才能养成的能力。注册会计师的职业判断能力有以下几个特征：一是有丰富的专业知识和经验，能够运用知识和经验解决专业问题；二是有独立、客观和公正的立场，不受利益左右，不故意曲解事实，不以成见、偏见或个人的好恶影响判断，要有定力；三是保持适当的职业怀疑的态度，对可能出现错报的迹象保持警觉，对审计证据进行审慎评价。

组织领导能力。组织领导能力除了强调管理协调能力外，更强调领导能力，也就是设定目标和方向、凝聚意志和力量、解决问题和冲突。在一个组织中所处的层级越高，领导能力就越重要。综合起来，组织领导能力包括以下几个方面：一是提出共同目标，用目标来引导文化、凝心聚力、整合队伍；二是机制分析，弄清楚不同人群、不同层级的利益诉求、利益节点、利益传导；三是制度表达，根据机制分析的结果，建立制度体系，包括岗位设计，用制度把不同群体、不同层级的利益整合起来，引导到共同目标上；四是知人善任，让合适的人干合适的事，其中要在关键岗位配备最合适的人；五是身体力行，身体力行不等于事必躬亲，而是在必要时提供示范、不回避矛盾、敢于担当。

政治把握能力。政治把握能力强调的是把握方向、判断利害、坚守底线的能力。在政治把握时，应当考虑以下几点：一是符合主流意识形态，中国特色社会主义、社会主义核心价值观、爱党爱国、社会主义市场经济等，就属于当代中国的主流意识形态；二是顺应时代精神，不做逆时代潮流的事情，言行要诚实，用权要廉洁，持论要公平，用度要节俭；三是维护集体利益，维护绝大多数人的利益，团结一切可以团结的力量；四是追求长远利益，不因短期利益、眼前利益损害长远利益。

（三）注册会计师的能力养成

能力养成是一个过程。扼其要者，有四条，也就是，善于学习，勤于实践，敏于感悟，韧于坚持。

能力与学习。习近平总书记在 2014 年纪念"五四"运动 95 周年时以古语启示青年"学如弓弩，才如箭镞"，意思是说，学问的根基如弓，才能如箭，用来比喻没有学问和才能就不可能成长发展。古今中外，劝学的话还有很多，像"业精于勤，荒于嬉""三人行，必有我师焉""不耻下问""只要功夫深，铁杵磨成针"

等。成为注册会计师本身就是对自己学习能力的证明。注册会计师都是学习的好手。但要谦虚上进，坚持终身学习，知行合一。注册会计师要做学习型公民的模范、会计师事务所要做学习型组织的模范。

能力与实践。能力离不开实践。能力本质上就具有实践性，因为能力本身就是实践的产物。在能力养成中，学习是营养，实践是土壤。以实践为基础，能力养成有模仿、明理、整合、创新四个环节。模仿是学习与实践的初始结合，是"知其然"，模仿的最高境界是熟练；在模仿的同时是理解，明白其中的道理原委，达到飞跃，"知其所以然"，如果没有理解，也就永远停留在熟练阶段了；以道理原委为指导，整合个别的结论，达到系统的理解，实现行动的自觉；最后是超越和创新。

能力与感悟。感悟贯穿于能力养成的每一个环节。感悟力说的是一种认知形态，就是从未知到已知的自我实现，就是"举一反三""推此及彼""由表及里"。提升感悟力，提升"悟性"，就要保持敏感性，做有心人，做到字字入心，声声入耳。从某种意义上讲，感悟力是学习力的最高境界，在能力养成中处于重要地位。大家都熟悉的"学思践悟"一说，其中就包括"悟"。

能力与意志。能力的养成是一个过程，专业能力的养成则是长期的过程；长期的事业需要坚持、需要意志力。有研究表明，一个人要练成某一种技能，需要1

万个小时、10 年的持续投入。对于专业技能来说，则
需要终身的投入，故有"继续教育"一说。有评论指
出，人们常常过高地估计 1 年的变化，过低地估计 5 年
的变化，这个认识实际上强调了"时间""坚持""意
志""毅力"等因素在能力养成中的作用。

（2014 年 7 月）

第九讲

培养新型的注册会计师

经济全球化新形势和技术进步新趋势，赋予注册会计师职业化新的内涵和新的要求。注册会计师行业要在保持注册会计师职业精神和职业传统的同时，研究推进注册会计师职业的转型，加快培养新型的注册会计师。

（一）培养新型的注册会计师：所来何急

提出培养新型的注册会计师，是基于科技进步、企业创新转型、经济全球化进一步深化这样一个大背景。注册会计师工作的全部意义在于价值管理，执行价值创造、价值促进、价值计量、价值鉴证等等系列功能，其中，价值计量是核心，计量产权的价值，计量负债的价值，计量商品和服务的价值，计量交易的价值，计量经营业绩的价值，计量企业的价值，等等。随着新一轮科技进步、企业创新转型和全球化进一步深化，注册会计师的工作面临许多新的变化。第一，价值实现的形态变了，新的产业、新的业态、新的产品、新的服务、新的交易安排、新的政策设计，要求我们更新对价值的定义和价值的计量标准，包括会计标准、审计标准等，要创新价值创造和价值促进的方式。第二，服务需求变了，作为注册会计师看家本领的"三张表"已经越来越不能满足市场的需要，标准审计报告模板也满足不了评估一个企业的机会和风险、评价企业价值的需要。第三，技术工具变了，注册会计师的许多工作将越来越多地为信息技术手段所替代。信息技术替代会计人员和注册会计师的故事在过去 30 年里轮番重演，不断升级。最早的经验是会计电算化，电脑代替人工记账；后来是财务共享，促进了财务资源的整合和节约；接着是大数据分析，一个大数据模型能够提供我们超出想象的深度信息。当前，数据分析、人工智能、移动互联、物联网技术、区块链技术正在向注册会计师们展示出广阔的应用前景，这些技术有望把注册会计师们从简单、重复、乏味的工作中解脱出来，专注于更高级别的创新思维和职业判断领域，投入更有创造性的工作。面对这样的巨变，注册会计师职业迫切需要有新的认识和思考。

过去几年里，被互联网技术抢去饭碗的事，已经变得十分平常了。说注册会计师有被抢走饭碗的可能，并不是危言耸听。问题在于注册会计师们怎么看、怎么做。注册会计师行业与许多被抢走饭碗的行业还是有区别的。这是因为，注册会计师是知识工作者，注册会计师行业是一个高智能行业，职业判断是注册会计师的核心技能，有人工智能所替代不了的地方。这是其一。其二，就像人类历史所呈现的那样，每一次技术进步都是一次机遇，就看你怎么应对。如果注册会计师们自我革命，主动转型，自觉地与信息技术结合，反而是一个机遇。我们以前经常讲，要培养复合型会计人才，并不是说要把所有的注册会计师都培养成企业家、银行家、战略家，而是要培养懂经营、懂金融、懂全局的注册会计师。面对信息技术进步，道理是一样的，并不是要把所有注册会计师都培养成信息技术专家，而是要培养懂信息技术、会运用信息技术、勇于与信息技术结合的注册会计师。因为会计功能在经济社会体系中有它独特的逻辑和独特的价值，新型的注册会计师是与科技进步和企业创新共生共长、互动互补，同时保持独特价值的专业人才。

（二）新型的注册会计师：新在何处

信息技术在会计领域的广泛深入的运用，最直观的表现就是，注册会计师的工作平台变了，变得主要依赖网络开展专业工作了。基于这样的认识，需要培养三类新型的注册会计师，也就是创新会计系统的注册会计师、在新的平台上工作的注册会计师、为企业提供创新服务的注册会计师。

创新会计系统的注册会计师。这里的关键词是创新会计系统,这个新的会计系统是建立在互联网和云平台上的会计系统,是利用大数据技术和智能技术的会计系统,是与治理、决策、管理、业务融为一体的会计系统。这个系统需要依赖信息技术专家,更需要注册会计师参与设计和建设,就像 Alpha Go 需要围棋专家参与创造一样,创造新的会计系统也需要注册会计师参与。

在新的平台上工作的注册会计师。这里指的是能够操作新的会计系统的注册会计师,就像许多信息技术产品一样,新的会计系统对大多数人来说是一个"黑箱",注册会计师如果不懂这个"黑箱"的操作技能和技巧,新的会计系统就没法工作。就像价值不菲的电脑和手机以及功能强大的互联网,在许多不会使用的人手里只发挥很少功能,其中的道理是一样的。在新的平台上工作的注册会计师也就是能够与新的会计系统对话的注册会计师。

为企业提供创新服务的注册会计师。互联网加速了现实世界的数字化,产生了巨量数据,企业决策管理需要对数据进行提取、识别、整合、归纳和利用,把它们转化为决策语言、管理语言、商业语言,转化为宝贵的资源,如果不进行提取、识别和处理,数据也仍旧是数据而已。新型的注册会计师的价值在很大程度上也就体现在这里。也就是说,在新的环境下,公司决策越来越面临不确定性的挑战，需要用新的维度和新的方法进行巨量的数据处理，需要注册会计师提供更有效的决策支持服务。

如果把新的会计系统理解为一个生态圈，三类新型的注册会计师将承担不同的角色：创造新系统，操作新系统，运用新系统。

（三）培养新型的注册会计师：从何做起

新型的注册会计师有共同的特质。一是对经济、金融、法律、文化、社会以及它们相互之间广泛深刻的联系有全面的认知；二是对科学技术进步的逻辑以及它们造福人类的机理路径有正确的理解；三是对会计、审计、理财、理税、理法、管理这些会计职业核心功能的工作机理有深刻的把握；四是具有自我学习、持续学习、跨界学习的能力。

新型注册会计师的成长、注册会计师职业的转型，主体是注册会计师自己。提出新型注册会计师的特质要求，目的是向注册会计师们发出倡议，为广大注册会计师们职业转型和职业成长提供一个参照系。同时，职业组织要引导、助力新型注册会计师的成长。

注册会计师行业新的五年规划把人才培养作为一个重点领域来讨论；注册会计师行业信息化五年规划提

出，中注协和地方注协要加大行业信息化人才培养力度，提高信息技术知识在资格前教育、继续教育、领军人才培养中的比重。同时要求会计师事务所加大信息化人才培养和引进力度，重视培养和引进具有财务审计、信息系统审计、大数据分析等技能的复合型人才，满足信息化环境下对新型人才的需求。《会计师事务所信息化促进工作方案》也把人才培养、技术培训和经验交流列为重点工作。注册会计师行业领军人才培养工作新设了行业信息化方向，正在大连举办的 CPA 方向院校师资培训班的主题是"数字化时代的财务创新与企业转型"。总之，规划都有了，任务也明确了，接下来就是各负其责、分头去干了。

（2017 年 9 月）

第十讲

深化注册会计师人才工作

推进行业人才队伍建设，支持和带动行业各项事业发展，是注册会计师职业化的重要工作领域，是行业人才工作贯彻党的十八大、十八届三中全会精神的具体体现。要总结行业人才队伍建设的基本经验，深化注册会计师人才工作。

（一）注册会计师人才队伍建设的评价

人才队伍建设在注册会计师行业工作中一直处于重点地位，贯穿于注册会计师行业发展全过程，这是由行业的特性决定的。20世纪80年代，当时的湖北财经学院受财政部的委托，与澳大利亚国家审计署合作举办了最早的审计培训班；与香港会计师公会合作，分别在内地和香港举办了一系列的培训班；深圳的"大水坑"培训班，已经成为很多注册会计师职业发展道路上的一个重要印迹。

说这些故事，是想表明行业人才队伍建设是有历史积淀的。过去十多年的培训工作，是行业人才队伍建设的一个升级版。升级之处就在于，把它提高到了行业战略的高度来实施，提高到了行业科学发展的高度来认识，提高到了人才兴国的高度来定位。人才战略实施十年，取得了显著成就。

建成了导向明确、内容完整的人才队伍建设制度体系。2005 年制定的行业人才培养"三十条"，也就是《关于加强行业人才培养工作的指导意见》，其中的每一条都已经转化为行业人才工作的实践。其中，《中国注册会计师胜任能力指南》对什么样的人能够成为注册会计师，注册会计师应该具备什么样的素质，什么样的技能，什么样的价值观，都有系统阐述。每一个想成为注册会计师的人，有志向在注册会计师职业道路上有所发展、有所成就的人，可以在这里得到有意义的信息。这个指南也告诉每一个注册会计师，怎样做才能成为合格的注册会计师，这就是讲道德、敬专业、懂理论。

我们持续完善《中国注册会计师继续教育制度》，制定了《非执业会员继续教育办法》。还制定了《注册会计师行业人才发展规划（2011—2015）》，成为"三十条"的升级版。这些制度，以及全国各级注协人才队伍建设工作的其他制度，形成了比较完整的行业人才队伍建设制度框架，为今年开展行业"人才队伍建设年"活动，按照全面深化改革的要求，进一步推进人才队伍建设，奠定了有力的制度基础。

建起了主体明确、形式丰富的人才培养工作体系。这里有几个标志。在培养对象上，有高层次的领军人才培养项目，有注册会计师继续教育体系，也有面向大学生的后备人才培养计划，我们还把培训工作延伸到高校的老师；在培训手段上，有面授，有远程视频，有网络教学，有境内培训、境外培训，形式多样；在培训层次上，有普通的培训班，也有研讨班、研修班，这是 2012 年引进的新模式，把培训班分为三个层次，培训班、研讨班和研修班，研修是最高级的，是探讨问题解决方案的；在培训主体上，既有各级注协直接组织的培训，也有会计师事务所内部的培训，还有委托国家会计学院的培训。

形成了层次分明、相互衔接的行业人才队伍。形成了注册会计师、非执业会员和注协机关干部这三支行业人才队伍协同发展的良好局面；建立了以领军人才为示范，以广大注册会计师为主要群体，以在校大学生为后备的注册会计师人才队伍。在注册会计师中，有分别针对高级管理人员、合伙人、项目经理、普通执业人员、从业人员（助理）的培训。

（二）行业人才队伍建设面临新的形势

行业所处的环境正在发生巨大的变化，行业发展面临着新的形势，新变化和新形势对行业人才队伍建设工作提出了新的要求。

全面深化改革，对行业人才队伍建设提出了更紧迫的需求。我们认识到，越是发挥市场在资源配置中的决定性作用，会计行业和会计工作的作用就越大。发挥市场在资源配置中的决定性作用，就意味着由市场来决定生产什么、怎么生产、生产多少，而市场决定的重要依据，就是会计信息和审计信息。

行业人才队伍还不能充分满足社会和行业的需要。目前大家感受比较强烈的，是人才流失。流到哪里去了？流到了其他行业、其他机构去了。从某一家会计师事务所来讲，这是人才流失，但是从更大范围来说，就是全社会对人才的需求增加了，注册会计师人才不够用了。

从国际经验来看，注册会计师队伍当中，超过一半的人是非执业的，在企业、政府部门、学术机构、非营利机构做专业工作。我们现在所谓的"人才流失"，其实就是到这些机构去了。未来十年，这个趋势不会改变，要改变的是我们培养人才的理念，建立大会计职业的概念，加快人才的培养，满足行业和社会对注册会计师人才的需求。另外，即使是那些在注册会计师岗位上的同志，对注册会计师职业本质的认识、职业道德精神、职业判断能力等等，也有一个提高的任务。

注册会计师职业已经成为青年学子职业规划的重要选择。最近几年，注册会计师考试报名人数明显增加。今年超过 60 万人报名，创了新高。注册会计师职业已经成为大批青年学子职业规划的重要选择，加入注册会计师队伍已经成为许多青年学子的职业梦想。行业人才建设工作，实际上是为广大青年学子圆梦的工作。注册会计师职业是青年学子人生飞跃的通道。一个寒门子弟、平民后代，经过努力，通过注册会计师考试，成为注册会计师专家人才，就有希望带领一个家庭走出贫困、走向小康。

（三）为注册会计师人才成长再下功夫

十年树木，百年树人。人才队伍建设周期长、投入大，不能急躁。行业人才战略已经实施十年，还不能说是大功告成，还要持之以恒地干下去，还要不断总结、完善、提升。要增强为行业为社会培养人才的荣誉感和使命感，以"人才队伍建设年"主题活动为动力，在注册会计师人才培养上再下功夫。

在专业理论学习和实务能力提高这两个层面下功夫。注册会计师之所以成其为"师"，除了有技能，更因为懂理论，能够将理论与实践结合起来。注册会计师人才要在专业理论武装上下更多功夫，包括会计理论、审计理论、财务理论、市场经济理论。注册会计师的经济学、管理学、会计学、审计学理论基础还要继续打好。在深化专业理论的同时，要提高实务能力，也就是把理论用于实践的能力。注册会计师的实务能力中，最核心、最标志性的就是职业判断能力。

专业理论学习和实务能力提升这两大任务，对于资深的注册会计师和新加入的注册会计师，都是适用的。过去，我们在讲解制度上花的时间比较多。这样做没有错，但是很不够。要在继续讲解好制度的同时，向上扩展，向理论层面扩展，因为制度来源于理论，至少受到理论的指导；向下落地，落到实务，将理论和制度转化为能力、转化为职业判断能力，实务是理论的运用、制度的遵循。

在急需专业技能和储备专业技能这两个领域下功夫。 现在办的培训班，绝大多数都受到注册会计师们的欢迎，许多培训班都爆满，甚至有时挤得没有地方坐。但是个别班没什么人来，有时候，这样的班恰恰是我们花了极大的热情设计出来的。这就有两种可能的解释，一种是我们主观主义，这个班的内容确实没有用，确实不符合需要；但是，更大的可能性，就是这个班的内容是为将来储备人才、储备知识的，只不过注册会计师们感觉不到当前的用处。人无远虑，必有近忧。今天的知识能力是多年积累的结果，没有早上种麦子当天晚上就吃上馒头的道理。所以，尽管现在个别培训班招生形势不太好，但是，如果确有长远价值，还应当办下去，应该有这样的长远性的认识。

要重视知识和能力的储备，解决制约行业未来发展的问题。越是高端的服务，高端的产品，就越是供给创造需求。要着眼注册会计师服务的高端性质，以及高端服务供给创造需求的市场规律，更加注重知识和能力的储备。

在培养人才和推介人才这两个环节下功夫。培养人才重要，推介人才同样重要。要在做好培养工作的同时，重视推介宣传，把人才成长成果推介出去，做好培养与推荐相结合的工作。对注册会计师考试成绩优秀的考生，也应当做宣传。建立专家库、人才库，推荐各类人才到国际组织去工作，为政府部门、企事业单位、社会组织服务。

在行业专业人才培养和注协干部培养这两类人才下功夫。行业专业人才培养要与各级注协机关干部，包括培训部门的干部培训并举。这是贯彻财政部《关于进一步加强注册会计师协会干部队伍建设的通知》精神的要求，也是开展行业"人才队伍建设年"主题活动的重要任务。人才培养是一门科学，从事人才培养也是一个职业。我们这支队伍应该是人才培养的专家队伍，是"培训师"。要加强注册会计师培养工作规律的研究，要按照"科学化"要求，来加强注协培训干部队伍建设。要举办针对全国注协系统培训部门干部的培训班，培养一支爱人才、懂培训的干部队伍。

（2014 年 4 月）

第十一讲

注册会计师行业自律

注册会计师行业所讲的自律，是制度安排的重要组成部分，是行业管理的重要形式，为世界会计职业发展普遍实践。行业自律是注册会计师职业化的重要条件。

（一）自律的重要性

所谓自律，通俗讲就是自己约束自己。自律是社会秩序的一部分，一个个体、一个职业、一个行业，乃至整个社会，都离不开自律。一个只有他律没有自律的世界，是不可想象的。注册会计师作为专家职业，由于专业知识上的信息不对称，所提供的专业服务具有的外部性，自律就变得更加重要。公众对注册会计师的自律有更大的依赖、更高的期望。注册会计师不自律，就难言诚信，难言公众的信任。

行业自律与行业利益、公众利益。行业自律是注册会计师个体自律要求的集体表达。行业固然要追求行业自身的利益，但是不能损害公众利益，恰恰相反，要以维护公众利益为前提。实践告诉我们，如果片面地强调行业利益，不顾别人的利益，乃至损害公众的利益，行业的公正性将受到质疑，最终损害的是行业的根本利益。在这方面，历史上是有教训的。痛定思痛，大家越来越意识到，公众利益是行业利益的源泉，不把维护公众利益作为前提，失去了公众的信赖，就没有行业自身存在的空间。所以，各国会计职业组织不断校正认识，坚定地把维护公众利益作为行业工作的宗旨来定位。行业自律的本质在于，通过维护公众利益来实现行业利益，使行业利益与公众利益统一起来。

行业自律与个人自律。行业组织是全体成员的组织，没有全体成员对诚信的认同和参与，行业自律就无从谈起。行业自律建立在成员自律的基础之上，是由成员广泛参与并得到广大成员认同的自我约束，它是成员自律的必要延伸，是所有成员自律愿望的组织实现。所以，个人自律是行业自律的基础，行业自律是个人自律的组织保障。行业自律，要做到以下几条，一是行业标准和规范必须成为全体成员的共同遵循；二是要建立行业组织体系，为成员意志的表达和实现提供机制保障；三是充分调动、尊重和发挥每个成员参与行业工作的积极性和主体性。

（二）行业组织体系

行业自律是行业成员自律要求的集体表达。行业组织体系是行业自律的制度保障。行业组织体系有三个要素，一是以注册会计师为中心的完整的管理和服务职能；二是以理事会为中心的民主决策机制；三是以注协机关为主体的执行机制。

以注册会计师为中心的完整的管理和服务职能。行业组织是全体注册会计师的组织。没有注册会计师，就没有行业组织，这是不言而喻的。行业组织的所有工作都应该以注册会计师为中心，体现注册会计师的要求，体现行业的整体利益，体现行业服务公众利益的定位。

过去我们在潜意识里把"批"和"管"当作行业工作的主要工作，批"资格"的意识比较强烈，会员的概念则不够清晰。正因为如此，对非执业会员的服务与管理工作没有得到应有的开发，行业的会员管理机制也没有完全建立起来。资格管理又侧重于对准入和退出的管理，没有把对会员行为的监督做到位，没有充分回应维护会员权利的诉求。建立行业管理服务体系，就要在坚持好注协法定组织的性质、履行好注协法定管理职能的同时，健全以注册会计师为中心的完整的管理和服务职能，解决行业组织干什么的问题。

要强化会员服务工作，满足会员职业发展的需要。行业组织对会员的服务，包含的内容十分广泛，是多层次、全方位的。要在加强作风建设、强化服务意识、改进服务态度的基础上，重点拓展会员服务品种，特别是针对会员的紧要需求，加强对其执业活动的支持和服务。比如，为会员提供执业技术支持，开展与执业活动相关的信息服务，帮助会员防范和化解执业风险，成为会员执业强有力的技术后盾；维护会员合法权益、改善会员执业环境，开展法律援助和对外协调；在职业能力框架建设的基础上，对会员的培训需求进行深入调研、分析，改进培训制度、培训方式和培训内容；帮助和指导执业机构搞好自身建设，促进执业机构的健康发展。此外，非执业会员工作在企业、院校和政府机关等各个重要领域，是会员的重要组成部分。要了解和掌握非执业会员的需求，开展好非执业会员的各项服务工作。做好这些工作，协会在会员心目中的价值才能有效体现出来，才能赢得会员的信赖，其他各项自律措施才能得到大家的认同。

要强化执业监督，规范会员行为。在广大会员中大力倡导诚信意识，倡导没有诚信就没有行业生存机会的意识，倡导不维护公众利益就会失去行业自身利益的意识。通过立规立矩，明确宣示提倡什么，反对什么，禁止什么。解决管理手段和方式的问题，目前的谈话提醒制度、业务报备制度、年检制度等，要发扬光大，还要建立行业诚信档案、执业质量检查制度，还要有惩戒手段，要研究惩戒的机制和惩戒的程序。

以理事会为中心的民主决策机制。行业管理服务要体现行业的意志，必须建设一个强有力的理事会。要通过改进理事会结构、完善理事会议事规则，进一步发挥理事会在行业决策和指导方面的作用，特别是发挥理事会在行业重大事务中的决策功能。

健全理事会领导下的专门委员会和专业委员会制度，在职业标准制定、职业道德行为约束、投诉举报和案件的受理调查、执业质量检查指导、违规行为惩戒等功能方面，要建立健全相应的专门委员会；在上市公司、中小企业审计等专业领域，建立健全相应的专业委员会，发挥指导功能。还要制定完善各个委员会的工作规则和工作程序，使各个委员会能够有效地开展工作。通过这些专门委员会和专业委员会，更好地落实管理监督职能，为会员执业活动提供研究、咨询和指导服务，同时为会员参与行业工作提供通道。

以注协机关为主体的执行机制。秘书处是注协的工作机构，是行业管理服务职能的执行者。要按照行业管理服务的需要，实现观念转换、角色转换和功能转换。

抓作风建设。树立为会员服务的意识，急会员所急，想会员所想。

抓机制建设。建立重大事项集体讨论决策机制，完善决策程序，强化监督制约机制，健全激励和竞争机制。

抓制度建设。完善财务管理、财产管理、人员管理、公文处理、信访接待等规章制度，提高机关工作的规范化水平。

抓机构建设。根据全面履行行业管理服务功能的要求，研究内设机构如何设置和调整，明确部门职责、岗位职责和干部配备，确保管理和服务职能的履行到位。

抓队伍建设。行业管理和服务对工作人员的业务素质和服务能力，提出了更高要求。工作人员要有紧迫感、危机感、使命感，要加强学习和研究，不断提升自身素质，使组织的职能得到更好的发挥。要重视人才的建设和培养，采取多种措施，为干部队伍整体素质的提高提供有利条件。

（2003 年）

第十二讲

建立注册会计师专业服务
有效市场

发挥市场在资源配置中的决定性作用是党的十八届三中全会提出的一个崭新命题。实践好这一命题，要做的事情有很多，其中十分重要的一条，就是"市场"本身的建设。这是因为，作为对政府配置资源功能的替代，如果市场体系不完整、功能不健全，那这个替代作用就发挥不了。要以三中全会精神为指导，着力建设注册会计师专业服务有效市场。

（一）建设注册会计师专业服务有效市场是其作为专业服务业的内在要求

注册会计师行业恢复重建 30 多年来，特别是近年来，我们坚持服务国家建设这个主题、诚信建设这条主线，做到行业发展与行业监管"两手抓"、行业建设与注协建设"两手抓"、业务建设与政治建设"两手抓"这三个"两手抓"，持续实施行业发展五大战略，建立行业监管体系，改变了行业的面貌，服务和促进了改革开放和社会主义市场经济建设。当前摆在我们面前的任务是，将行业改革和发展成果整合起来，整合到注册会计师专业服务市场这个体系中，形成合力，形成"1+1＞2"的效果。

必须看到，行业发展有一些需要克服的瓶颈问题，还有一些需要强化的薄弱环节。比如，注册会计师专业服务市场上，风行"价低者得"，没有体现注册会计师专业服务的特殊价值；与上述相关联的是，注册会计师专业服务价格偏低，损害了行业的持续发展能力；注册会计师职业价值观尚需进一步确立，职业化水平有待进一步提高；会计师事务所品牌价值没有得到充分体现，优胜劣汰机制尚未完全建立，等等。以上问题虽然表现不同，但本质上属于注册会计师专业服务市场发展发育程度的问题。

认识市场，进而建设市场，有多个认识维度。比如，从最一般意义上讲，市场要发挥其功能，必须有明晰的产权、充分的竞争、畅通的信息等要件；从机制层面上讲，则包括制度的建设与制度的实施两个方面；从市场运行层面上讲，则包括市场主体、交易标的、交易价格等。建设注册会计师专业服务市场，既要遵循以上维度，同时也要结合这一专业服务市场的特殊性进行操作。

使市场在资源配置中起决定性作用，一方面要减少政府对市场的干预，放开放活市场这只"看不见的手"；另一方面，则需要建立一个有效的市场。注册会计师行业发展存在的诸多问题，一是源于我们所服务的市场环境不够规范、注册会计师专业管理监督机制不够完善；二是源于注册会计师专业服务市场的发育不足。建立注册会计师专业服务的有效市场，就要深化对行业功能、行业价值、行业成本、行业风险的认识，以此为基础，提高注册会计师专业服务能力、丰富注册会计师专业服务品种、提升注册会计师专业服务价值。与此同时，做好注册会计师专业服务的推介工作，增强注册会计师专业服务的市场认知，完善注册会计师行业法律以及其他相关法律，实现注册会计师专业服务供给与需求的良性互动。

（二）建设注册会计师专业服务市场的主要任务

供给主体。作为专业服务市场，供给主体的建设相比商品市场需要更大的努力。这是因为，对于货物市场来说，有了资本设备，就相对比较容易形成供给能力，而对于专业服务市场来说，其供给能力主要是智力能力，也就是专业能力，显然，专业人才的培养要比资本设备的集聚困难得多。要下大力气做好人才的培养，其中重点是注册会计师的职业化。

供给品种。开发供给品种，无疑是专业服务市场建设的核心环节。这是因为市场是用来交易的，要有东西交易才行。发展供给品种，提高服务能力，应当成为注册会计师专业服务市场建设的重中之重。面对世界范围内的经济转型升级、互联网技术运用，注册会计师专业服务品种的开发有巨大的空间。

要在进一步做好鉴证服务的同时，大力开发新的业务领域，要围绕政府职能转变、财税体制改革、社会治理创新，针对政府购买专业服务、财政预算绩效评价、社区物业审计、公司秘书服务、管理咨询等业务领域，加强技能培训和业务开发，推动会计师事务所加快业务转型步伐，实现行业对相关领域专业服务需求的实时跟进。

需求主体。独立审计和专业咨询作为注册会计师的两大类专业服务，对需求主体的特性有相当的依赖。就像许多人所评论的那样，独立审计就像是企业家花钱给自己"扎针"，所以独立审计的需求主体的建设，取决于完善的公司治理，否则独立审计市场就难说有效。至于专业咨询服务，同样的道理，有赖于集约经营意识和机制的确立，只有精打细算的企业家，才会花钱买咨询。正是从这个意义上讲，注册会计师行业对于经济转型升级战略抱有无限的期待。

要围绕促进公众对注册会计师专业服务价值的认知，加强对注册会计师专业服务能力的宣传，把宣传工作提到推进专业服务市场建设的高度来看待，把提高公众对专业服务的认可度、进一步拓展专业服务的空间作为出发点。加强宣传机制建设，在宣传内容、宣传手段、宣传品种上实现创新和突破，提高宣传工作的针对性、有效性。

交易机制。交易机制解决的是交易撮合和价格发现这两大问题。是通过领取牌照来取得交易权利，还是通过服务品质、服务价格来引导交易，其效率是大不一样的。由于注册会计师专业服务的公益性和外部性特征，实施市场准入制度是必要的，但是，从简政放权、激发市场活力的大背景看，我们通过发牌、领牌、入围、"入池"来达成交易的情形还是太多了，有必要改进。注册会计师专业服务"价低者得"的机制也需要改变，因为"价低者得"的价格发现机制与专业服务品质的信息不对称性是矛盾的，最终损害的是交易双方各自的利益，这是因为"便宜没好货"，还因为"谷贱伤农"。要推动完善政府购买服务办法和招投标机制的改革，建立充分体现和尊重注册会计师专业服务特性的招投标机制。建立与市场在资源配置中起决定性作用相适应的会计责任司法调节机制，明确市场主体之间的法律责任，在充分考虑注册会计师职业特性的基础上，鉴定注册会计师的审计责任，从合理界定注册会计师专业服务法律责任、建立市场公信力中增强市场需求的动力。

服务品牌。服务品牌是声誉识别机制的核心。注册会计师提供的专业服务是经验产品，审计质量具有不可观察性，需求主体以及市场大众只能依据供给主体的声誉来辨别审计质量，使得有效识别供给主体声誉成为专业服务市场建设的关键。要下大力气开展会计师事务所以及注册会计师的品牌的建设，发挥声誉识别机制在专业服务市场选择中的作用。

产业组织。产业组织是产业组织理论的研究对象。它所要解决的问题是，产业内企业的规模效应与企业之间的竞争活力的冲突。这是因为，市场结构决定市场行为，市场行为决定市场业绩。以行业发展战略为推动、政策为引领，会计师事务所做强做大取得明显的成效，同时也有着个别市场高度集中与整体市场比较分散二者并存的矛盾，有着行业供给能力整体不足与市场竞争过度并存的矛盾。解决这些矛盾，既依赖于市场在时间演进中进一步发育，同时也需要产业政策和战略的引导。

（2014 年 12 月）

第十三讲

注册会计师行业治理

行业组织建设是注册会计师职业化的组织保障。行业组织治理是行业组织建设的重要方面。法律授权、民主管理、政府监督、党建保障"四位一体"的注协治理结构为注册会计师行业发展和注册会计师职业化奠定了基础。

（一）以法律授权为主要来源的职能赋予

行业组织要发挥作用，首先要解决职能问题，使之"有事干""能干事""干成事"。就注协而言，其职能几经演变，通过三层"授权"，形成了三大职能来源：一是法律授权，《注册会计师法》赋予其资质评价、注册准入、标准拟订、监督检查等职能，形成法定职能；二是行政授权，形成委托职能；三是会员授权，章程规定的行业管理和服务职能，形成自律职能。以法律授权为基本形式的职能赋予，奠定了行业组织自身建设和作用发挥的先决条件与法理依据。

在中注协层面，先后承担了推动行业全面恢复重建、组织开展行业清理整顿、开展注册会计师行业人才建设、推进会计师事务所脱钩改制、实施以国际化为导向的行业发展战略等重大任务，推动行业专业服务体系不断完善，行业发展战略体系初步形成，行业管理和服务体系日益健全，行业党建工作体系基本建立，国际交往与合作体系趋于成熟。行业的职能赋予形式，得到了长期实践的检验。

（二）以民主管理为重要特征的决策机制

民主管理是行业组织运行的内在要求，是行业组织保证会员广泛参与行业事务、减少管理决策中的失误、加强对官员监督、节约行政成本等诸多优势的机制保障。注协把民主管理作为治理结构的重要环节，不断完善行业民主决策组织体系及运行机制，建立了以理事会为主体的民主决策组织体系，出台《注册会计师协会自律体制建设指导意见》，建立会员代表大会制度、理事会工作制度、专门委员会议事规则，并分别赋予其不同层次的决策权限、权利义务，保障会员主体地位和参与民主管理的权利。为了消除行业组织履行管理职能"有可能导致自我保护"的公众疑虑，防止行业局部利益与公众利益发生冲突，坚持"开门办会"，强化公众参与和社会监督，在会员代表大会、理事会及专门委员会中，均有政府部门、企业界、金融界、学术界、法律界等方面类似"独立董事"的公众代表，从制度上保证行业管理决策在行业眼前利益与长远利益、行业利益与公众利益之间取得平衡。

民主管理对行业科学决策发挥了积极作用。注协章程制定、管理机构的组建，均由会员代表大会表决；行业发展重大战略的推出，行业建设重大措施的出台，须经过理事会或者常务理事会决定；行业各项惩戒措施，也要由惩戒委员会作出；注协工作机构定期向理事会报告工作和会费收支，接受质询。

（三）以指导监督为主要内容的政府定位

发挥行业组织的作用，必须正确处理与政府部门的关系。创新社会管理，政府部门既要避免事无巨细、包办所有社会管理事务，又不能放手不管、"授权了事"。经过多年的探索实践和不断完善，注册会计师行业已经形成了授权行业组织承担行业管理职能、政府部门履行监督指导职责的管理体制，其中财政部门的监督指导职能主要体现为组织上保证、政策上支持、业务上指导等几个方面，并通过《注册会计师法》成为法律上的规定。

以指导监督为主要内容的政府定位，充分发挥了政府部门政策支持和业务指导的优势。国务院注册会计师培训工作领导小组等组织设置，《关于加快发展我国注册会计师行业的若干意见》《关于支持会计师事务所扩大服务出口的若干意见》等政策文件，都在行业建设的关键时期和关键领域发挥了重要的支持和指导作用。

（四）以行业党建为本质体现的政治保障

坚持党对行业的领导，发挥党组织在行业发展中的政治核心作用，既是党的建设在新的历史条件下新的重大课题，也是行业组织正确履行管理职能的政治保障。根据党的十七届四中全会关于以改革创新精神全面推进党的建设新的伟大工程的战略部署，特别是习近平同志关于以会计师等行业为突破口，以点带面，积极探索加强新社会组织基层党建工作的讲话精神，依托注协的组织体系，成立行业党委，赋予其"指导和推动行业党建工作""保证注协理事会及其秘书处依照法律和协会章程开展工作，促进注册会计师行业健康发展"等职能，建立起了"条块结合，充分发挥注册会计师行业党组织作用"的行业党建工作管理体制，使主管部门的领导优势与行业组织的管理优势很好地结合起来。以行业党建为本质体现的政治保障，保证了行业沿着中国特色社会主义方向，走科学发展、和谐发展道路。

行业党组织将推进会计师事务所基层党组织建设作为首要任务全力推进，较快实现了党的组织和党的工作全覆盖。探索总结了基层党组织发挥作用的领域和途径，即，诚信建设和道德提升的政治引导作用，重大事件和重大冲突的矛盾化解作用，风险控制和质量提高的中流砥柱作用，机构建设和业务发展的凝聚人心作用，队伍建设和人才培养的政治促进作用，以上这些作用的发挥，使行业基层党组织的战斗堡垒作用和行业党员的先锋模范作用得到有效体现，推动了全行业牢固树立科学发展理念、转变发展方式、提升发展水平，实现科学发展。

（2012 年）

第十四讲

紧盯职业化目标创新实施行业发展规划

　　注册会计师行业发展五年规划已经实施一年多。在学习贯彻党的十九大精神的新形势下，注册会计师行业要学字当头，干在实处，把党的十九大精神落实到行动上，落实到全面推进注册会计师行业改革和发展各项工作、落实到进一步提高服务国家建设的能力上，其中，创新实施注册会计师行业五年规划是必然的选择。

　　注册会计师行业五年规划提出了行业发展的四大目标，也就是，职业化水平持续提高，信息化水平大幅提升，国际化水平显著提升，市场体系总体改善。其中，职业化处于主体目标的地位。这是因为，注册会计师行业是专业服务业，这就决定了专业人才是这个行业的核心资源；注册会计师是专家职业，职业化是注册会计师队伍建设的本质要求。

　　习近平总书记十分重视干部和人才队伍职业化、专业化建设，对各行各业各类人才的职业化和专业化都有重要论述。习近平总书记在党的十九大报告中指出："建设高素质专业化干部队伍""注重培养专业能力、专业精神，增强干部队伍适应新时代中国特色社会主义发展要求的能力""深化军官职业化制度、文官人员制度、兵役制度等重大政策制度改革""提高社会治理社会化、法治化、智能化、专业化水平。"2017年7月14日，习近平总书记在全国金融工作会议上指出，要加强外部市场约束，提高会计、审计等机构自律性、公正性和专业化水平。

创新实施注册会计师行业五年规划，就要认真学习贯彻习近平总书记关于人才队伍职业化、专业化建设的重要论述，深化认识注册会计师队伍职业化的内涵、意义及其在注册会计师行业建设中，包括其在四大目标中的枢纽地位。行业信息化，要体现职业化这个核心任务，探索信息化条件下职业化新的实现形式；行业国际化要以职业化为条件，行业国际化发展有赖于注册会计师专业服务能力的提升；行业市场体系建设，是为了完善体现注册会计师专业服务规律的市场机制，使之能够真正起到品牌识别、价格发现功能，发挥其对高质量专业服务的正向激励作用。

创新实施注册会计师行业发展五年规划，就要敏感回应全面深化改革对注册会计师专业服务的巨大需求，深化认识注册会计师职业化建设的必要性和紧迫性。实践证明，执业质量比较好、创出一定品牌的会计师事务所，根本上得益于职业化建设做得比较好；执业质量出现严重问题、公众质疑比较多的会计师事务所，跟职业化建设做得不够到位有很大关联。有比较才有鉴别，要在总结比较中找出症结，锁定努力的方向。

创新实施注册会计师行业五年规划，就要像习近平总书记所要求的那样，树立为人民服务的宗旨，坚持走职业化道路，守法纪，讲自律，重公正，精专业。诚信是注册会计师行业的基石，独立性是注册会计师职业的灵魂，职业判断能力是注册会计师职业的核心能力。要大力弘扬注册会计师职业精神，坚守注册会计师职业道德，努力提升注册会计师专业能力。

创新实施注册会计师行业五年规划，就要围绕注册会计师职业化建设目标，坚持问题导向，补短板，强弱项，持续用力，久久为功。把职业价值观、职业道德和职业态度的养成贯穿到学历教育、职业资格考试、继续教育、执业质量监督检查等行业建设的各个环节，把专业能力的培育作为行业工作的重中之重，把专业精神融合到注册会计师职业精神中，全面提高注册会计师队伍对职业精神的认同，使追求和实践职业精神成为每一个注册会计师的自觉行动；完善注册会计师考试制度，进一步体现原理导向、职业导向和考生友好导向，引领新一代注册会计师职业成长；强化注册会计师职业判断意识、提升职业判断能力，坚持职业自信、职业自觉、职业自重、职业自强；推进注册会计师行业监管的职业化，以行业监管的职业化引导注册会计师职业化方向；推动注册会计师专业服务市场的建设，建立有别于商品市场、体现注册会计师专业服务市场特点的交易规则，切实改变"价低者得"的竞投标机制；改进注协治理，聚焦工作重点，进一步发挥注协在注册会计师职业化建设中的组织保障作用。

（2017 年 12 月）